Thomas Armbrüster / Johannes Banzhaf / Lars Dingemann

Unternehmensberatung im öffentlichen Sektor

Thomas Armbrüster /
Johannes Banzhaf /
Lars Dingemann

Unternehmensberatung im öffentlichen Sektor

Institutionenkonflikt, praktische Herausforderungen, Lösungen

GABLER

Bibliografische Information der Deutschen Nationalbibliothek
Die Deutsche Nationalbibliothek verzeichnet diese Publikation in der
Deutschen Nationalbibliografie; detaillierte bibliografische Daten sind im Internet über
<http://dnb.d-nb.de> abrufbar.

1. Auflage 2010

Alle Rechte vorbehalten
© Gabler Verlag | Springer Fachmedien Wiesbaden GmbH 2010

Lektorat: Stefanie A. Winter

Gabler Verlag ist eine Marke von Springer Fachmedien.
Springer Fachmedien ist Teil der Fachverlagsgruppe Springer Science+Business Media.
www.gabler.de

Umschlaggestaltung: KünkelLopka Medienentwicklung, Heidelberg
Gedruckt auf säurefreiem und chlorfrei gebleichtem Papier
Printed in Germany

ISBN 978-3-8349-2304-2

„Man darf aber einfach nicht so tun, als ob die Verwaltung ein Wirtschaftsunternehmen ist. Das wird einfach ihrer Stellung nicht gerecht und kann auch den Bürgern nicht recht sein. Die Verwaltung ist eben eine Ordnungsmacht. […] Man muss sich einfach fragen, inwieweit will sich die Verwaltung wirtschaftlichen Maßstäben stellen."

Projektleiter eGovernment in einem Bundesministerium

„Die Unternehmensberater haben dort, wo wir hingehen, einen ganz schlechten Ruf. Wir haben da ganz schwer zu kämpfen, akzeptiert zu werden. Ich habe das noch nie in der Form erlebt, dass der Name Beratung so negativ besetzt ist wie im öffentlichen Bereich."

Geschäftsführer einer Unternehmensberatung

Inhaltsverzeichnis

1   Einleitung: Beratung in der Kritik, öffentliche Verwaltung ohnehin 9

2   Öffentlicher Dienst und Bürokratie: Kritik und Reform 17

   2.1   Bürokratie als Modell der „rationalen Organisation" 17

   2.2   Bürokratie in der Kritik 19

   2.3   Die Verteidigung der Bürokratie: das Ethos der Verfahrensmäßigkeit 22

   2.4   Die anhaltende Debatte um Reformen des öffentlichen Diensts 25

3   Das Wachstum von Public Sector Consulting 31

   3.1   „Make or Buy?": Beratung im öffentlichen Dienst aus Effizienz-Sicht 31

   3.2   Beratung als Symbol für Modernität, Effizienz und Objektivität 33

   3.3   Beratung als Transfer oder Imitation populärer Managementkonzepte 37

   3.4   Gestiegene Komplexität und deren Bewältigung: Die Sicht der Beteiligten 43

4   Marktmechanismen im Public Sector Consulting 49

   4.1   Auftragsvergabe nach VOF in der Praxis 51

   4.2   Die Rolle der Reputation von Beratungsfirmen 58

   4.3   Die Rolle von formellen Referenzen und informellen Weiterempfehlungen 61

   4.4   Marketing und Markteintritt von Unternehmensberatungen 67

5   „Das Projekt" und die Zusammenarbeit mit Beratern 73

   5.1   Offizielle und inoffizielle Funktionen von Beratern 73

5.2   Übertragungen aus der Privatwirtschaft: rechtliche und strukturelle Grenzen .. 80

5.3   Übertragungen aus der Privatwirtschaft: Herausforderungen 88

6   Fokus eGovernment: Verwaltungsreformen und Beratereinsatz 95

6.1   eGovernment als Katalysator von Verwaltungsreformen 95

6.2   Anspruch und Realität des eGovernment 99

6.3   Die Rolle von Beratern in der eGovernment-Arena 106

7   Zusammenfassung und Schlussfolgerungen 113

Literaturverzeichnis 119

Die Autoren 124

1 Einleitung: Beratung in der Kritik, öffentliche Verwaltung ohnehin

Die Beratungsbranche befindet sich seit Beginn ihres starken Wachstums in den 1980er Jahren in einer kuriosen Situation: Auf der einen Seite genießen insbesondere große Unternehmensberatungen einen Elitestatus, gehören zu den begehrtesten Arbeitgebern für Hochschulabsolventen nicht nur der Betriebswirtschaftslehre, und ihre Dienstleistungen werden in weiterhin wachsendem Maß nachgefragt.[1] Für andere gesellschaftliche Gruppen stehen sie für Kostensenkung, Kapitalmarktorientierung, die Schöpfung von Managementmoden oder gar für „Neoliberalismus" im politischen Diskurs. Journalisten, Arbeitnehmervertreter und manche Professoren stürzen sich auf vermeintlich gescheiterte Beratungsprojekte, um die Branche grundsätzlich in Frage zu stellen.

Inhaltlich umgekehrt, jedoch ähnlich widersprüchlich ist die Wahrnehmung vom öffentlichen Dienst in Deutschland. „Bürokratieabbau" steht im Programm fast jeder politischen Partei, „Beamtenmentalität" gehört zum Wortschatz jedes hemdsärmeligen Managers, um Mangel an Leistungseinsatz zu kennzeichnen, und jeder Bürger hat Anekdoten von Behördengängen, Antrags- und Genehmigungsverfahren zu erzählen. In anderer Hinsicht scheint der Staat dann wieder hoch im Kurs zu stehen: Schützen soll er den Bürger vor dem Kapitalmarkt, retten soll er die Banken aus der Finanzkrise, und die Justiz wird manchmal geradezu mit Wollust in Anspruch genommen, wenn es darum geht, vom Verursacher eines Blechschadens noch die letzten 100 Euro herauszubekommen.

Unternehmensberatung und öffentlicher Dienst stehen damit für nahezu spiegelbildliche Assoziationen mit Positivem und Negativem: Im positiven Sinn stehen die einen für Effizienzsteigerung, die anderen für Verfahrensgerechtigkeit; im negativen Sinn die einen für „Neoliberalismus", die anderen für bürokratische Trägheit. Für die Exekutive der Demokratie ist Verfahrensmäßigkeit eine prinzipielle Frage der Gleichbehandlung von Bürgern im Rechtsstaat; von den Analytikern von Arbeitsabläufen und Märkten wird versucht, Organisationsstrukturen, Verantwortungsbereiche, Kosten- und Leistungsrechnung und Bürgerorientierung neu zu denken.

Kein Zweifel also, bei Unternehmensberatung und öffentlichem Dienst prallen zwei Welten aufeinander. Und nicht selten sind dies auch zwei gesellschaftliche Gruppen. Um die Klischees noch ein wenig zu strapazieren: die Dreißigjährige mit Penthouse-Wohnung in der Millionenstadt trifft auf die fünfzigjährige Kapitalismusskeptikerin mit Reihenhaus und gepflegtem Garten; der Lebenslauf-Optimierer mit Vorstandsambitionen trifft auf den A14-Beamten, der seit 10 Jahren seinen Dienst im selben Büro verrichtet und sich über die magere Gehaltserhöhung bei der letzten Tarifrunde ärgert.

---

[1] Zu den pro-zyklischen Schwankungen des Beratungsmarkts siehe ausführlicher Armbrüster (2006) und Armbrüster/Glückler (2007).

Wenn sich diese beiden Welten berühren, ist mit Funkenbildung zu rechnen. Wir erinnern uns an das Jahr 2004, als Beratung im öffentlichen Dienst ein vorher nie da gewesenes Echo in den Printmedien auslöste: Die „Beraterei" habe „beispiellose Ausmaße" angenommen (Handelsblatt 2004), die „Gutachteritis" grassiere (FAZ 2004) und es wurde von der „Berater-Republik" gesprochen (Zeit 2004). Der damalige Vorsitzende der Bundesagentur für Arbeit stürzte über angebliche Unregelmäßigkeiten bei der Auftragsvergabe an Beratungsunternehmen. Einen Höhepunkt erreichte die öffentliche Aufmerksamkeit mit der im Fernsehen live übertragenen Anschuldigung des Niedersächsischen Ministerpräsidenten Wulff, die Gutachten Roland Bergers (ebenfalls im Fernsehstudio sitzend) für die Landesministerien hätten „gelegentlich kaum die Qualität einer parlamentarischen Anfrage der Grünen".

Was war passiert? Schlechte Presse ist für Unternehmensberatungen an sich nichts Neues; mit einer gewissen Regelmäßigkeit erscheinen Berichte über fehlgeschlagene Beratungsprojekte, die Unternehmen angeblich an den Rand des Abgrunds gebracht hätten. Neu war aber, dass erstmals die Rolle von Unternehmensberatern *in der öffentlichen Verwaltung* aufgegriffen wurde, und dann gleich mit höchster Medienwirksamkeit. Die Öffentlichkeit witterte einen neuen Fall der Verschwendung von Steuergeldern, diesmal zur Bezahlung von Beratern, deren „Einsatz oft überflüssig", die Beratungsergebnisse „teils grotesk" seien (Spiegel Nr. 6, 2004). Wenn Unternehmensberatungen öffentliche Verwaltungen beraten, liegt offenbar eine besondere Würze in der Luft.

Seit ca. 10 Jahren haben führende Beratungsgesellschaften den öffentlichen Sektor für sich entdeckt und operieren mit eigens gegründeten Kompetenzzentren für den öffentlichen Bereich. Nach Angaben von Kennedy Information (2002: 101) generierte Booz Allen & Hamilton (heute Booz & Company) zur Jahrtausendwende mit Public Sector Consulting ca. 40 % ihres weltweiten Umsatzes. McKinsey Deutschland veröffentlichte 2005 eine Ausgabe ihrer Fachzeitschrift „McKinsey-Wissen" (Nr. 13) zum Thema Public Sector; seitdem steht dieses Beratungssegment auch in dieser Firma auf Augenhöhe mit der Beratung von Finanzinstituten oder dem verarbeitenden Gewerbe wie z. B. der Automobilbranche. Auf der Verbandsebene beschäftigt sich seit 2003 der „Fachverband öffentliche Auftraggeber", einer von 19 Fachverbänden im Bundesverband deutscher Unternehmensberater (BDU), mit der Beratung der öffentlichen Hand. Der Fachverband setzt sich für größere Markttransparenz und eine optimierte Vergabe öffentlicher Aufträge ein. Zusätzlich veröffentlicht er das Magazin „Für den DienstGebrauch", das sich an Kommunen, Länder sowie Bundesbehörden richtet und in dem Unternehmensberater Beiträge zu aktuellen Problemstellungen der öffentlichen Verwaltung publizieren (siehe BDU 2009).

Gemäß BDU-Statistiken ist Beratung im öffentlichen Sektor in den 1990er Jahren stark gewachsen und macht seit 2003 relativ konstant zwischen 9 % und 10 % des Gesamtberatungsmarkts aus. Im Jahr 2005 entsprach der Beratungsumsatz im öffentlichen Sektor in Deutschland 1,28 Mrd. Euro; 2006 1,38 Mrd. Euro und 2007 1,51 Mrd. Euro (BDU 2009; BDU 2008: 9; BDU 2007: 10). Der größte Beratungs-Teilmarkt ist traditionell das verarbeitende Gewerbe mit einem Anteil von 30 bis 40 %, gefolgt von Finanzdienstleistungen mit einem Anteil von 20 bis 25 % am Gesamtberatungsmarkt. Der öffentliche Sektor ist damit der drittgrößte Beratungs-Teilmarkt in Deutschland, vor Energie-/Wasserversorgung, Telekommunikation/IT/Medien, Handel, Transport/Touristik und Gesundheitswesen. In der jüngeren Vergangenheit wurden vor allem Großaufträge der Bundes- und Landesministerien wie der organisatorische Umbau der Bundesanstalt für Arbeit oder die Umsetzung von Hartz IV an die großen Beratungsunternehmen vergeben. Die Stadt- und Gemeindeverwaltungen beauftragten hingegen überwiegend kleinere Dienstleister mit der Einführung von Controllingsystemen sowie der Umstellung von der kameralistischen auf doppelte Buchführung (BDU 2005: 13).

In anderen europäischen Ländern ist der Markt für Beratung im öffentlichen Sektor anteilsmäßig noch größer. Dies ist zum Teil darauf zurückzuführen, dass Verwaltungsreformen dort noch stärker als in Deutschland mit Beratungsunterstützung durchgeführt wurden und werden; zum Teil auch darauf, dass Beratungsaufträge der EU mehr an andere europäische als deutsche Dienstleister vergeben werden. Im europäischen Beratungsmarkt lag der Anteil öffentlicher Aufträge einschließlich der Aufträge der EU im Jahr 2001 noch bei 8,7 %, im Jahr 2006 bei 16 %, mit der bisherigen Spitze von 17,4 % im Jahr 2005 (FEACO 2007: 14; FEACO 2006: 13).

Der öffentliche Sektor ist also ein etabliertes Segment des Beratungsmarkts geworden. Dennoch weist es Besonderheiten auf. Schon die Beratung von privatwirtschaftlichen Unternehmen geht selten ohne Reibungen vonstatten. Auch hier gibt es Interessenkonflikte innerhalb eines Kundenunternehmens, unterschiedliche Auffassungen über Projektrichtung und -fortschritt oder über Schlussfolgerungen aus erarbeiteten Zahlen. Jedoch sind hier beide Seiten, Berater und Kundenunternehmen, privatwirtschaftlich organisiert und haben ein gemeinsames Verständnis der Bedeutung von Gewinn, Marktanteilen, Kosten- und Leistungsrechnung etc. Öffentliche Verwaltungen hingegen haben nicht Gewinn, sondern eine gerechte Ausführung gesetzlicher Bestimmungen oder deren Erarbeitung zum Ziel. Schon die Bezeichnung von Bürgern als Kunden sorgt für Grundsatzdiskussionen, die Verwendung von Anglizismen für Augenrollen und die Sprache der Ökonomie für reichlich Spott. Darüber hinaus wird Beratung im öffentlichen Sektor mit öffentlichen Mitteln, also aus Steuergeldern bezahlt; in vielen Fällen sind öffentliche Ausschreibungen notwendig und der Landes- oder Bundesrechnungshof wacht über die Aufgaben. Der Beratungsprozess steht damit unter einem öffentlichen Legitimationsdruck, der bei der Beratung von Privatunternehmen in dieser Form nicht existiert.

Aufgrund dieses besonderen Spannungsverhältnisses möchten wir das Thema Beratung im öffentlichen Sektor näher beleuchten. Wir möchten die Hintergründe darstellen, warum der öffentliche Sektor verstärkt Beratungsdienstleistungen in Anspruch nimmt, und das Verhältnis zwischen Unternehmensberatung und öffentlichem Sektor klären, einschließlich seiner rechtlichen und sozialen Einflussfaktoren. Dabei lassen wir insbesondere die Beteiligten zu Wort kommen, sortieren deren Erkenntnisse und interpretieren sie. Wir nehmen Erlebnisse und Einschätzungen von Beratern und Führungskräften im öffentlichen Dienst auf, geben sie in thematisch sortierter Form wieder und fügen sie damit zu einem Gesamtbild dieses Beratungssegments und seiner Mechanismen.

Dabei orientieren wir uns mehr am praktisch involvierten als am wissenschaftlichen Leser. Zwar ist dieses Buch durch wissenschaftliche Forschung entstanden, genauer gesagt durch qualitative Organisationsforschung der Universität Mannheim, an der wir Autoren beschäftigt waren bzw. studiert haben. Jedoch steht ein wissenschaftlicher Diskurs über Unternehmensberatung oder den öffentlichen Sektor weniger im Fokus dieses Buchs als die Akteure selbst. Unser Ziel ist es, dem Leser das Erfahrungswissen der Berater und Führungskräfte der öffentlichen Verwaltung in strukturierter Form zur Verfügung zu stellen und zusätzlich durch unsere Interpretationen eine Art Reflexionswissen anzubieten. Die wissenschaftliche Methode steht hier allenfalls im Hintergrund. Im Vordergrund steht, Verständnis für Hintergründe zu erzeugen, um Beratung im öffentlichen Sektor ein kleines Stückchen reibungsfreier werden zu lassen.

Im Zentrum unserer Gespräche mit Beratern und Führungskräften des öffentlichen Diensts stand „New Public Management" (NPM). Dieses Stichwort steht weltweit für nach ökonomischen Gesichtspunkten ausgerichtete Verwaltungsreformen. Charakteristische Bestandteile von NPM in öffentlichen Verwaltungen sind die Kürzung von Budgets und Personal, die Trennung von Gewährleistung und Bereitstellung der Leistungen, das Outsourcen von Leistungen an die Privatwirtschaft, zunehmender Wettbewerb von Leistungserbringern, eine erhöhte Bürger- bzw. Kundenorientierung und damit verbundenem direktem Leistungsentgelt, die direkte Verantwortung von „Managern" für ihre Leistungen, die Einführung einer Kosten-, Leistungs- und Vermögensrechnung, erhöhte Flexibilität durch Dezentralisierung und Autonomie von Behörden, die Aktivierung bzw. Motivierung des Personals sowie die Beschränkung der Politik auf Zielvorgaben und auf die Rolle des „Enablers", wie es im NPM-Sprachgebrauch heißt. Zusätzlich wird im NPM der Einsatz von Informations- und Kommunikationstechnologien zur Unterstützung der Veränderungsprozesse und zur effizienten Aufgabenerfüllung propagiert (Budäus & Grüning 1998: 7; Borins & Grüning 1998: 14 f.), und zwar unter dem Schlagwort „eGovernment", dem wir uns in einem eigenen Kapitel widmen.

NPM hat in den vergangenen 10 Jahren auch in Deutschland den Anstoß für vielfältige Verwaltungsreformen geliefert. Unsere Leitfragen waren, welche Ursachen hinter dem Aufkommen von New Public Management stehen, welche Rollen und Funktionen Unternehmensberatern in Projekten für die öffentliche Hand zukommen, und welche nicht intendierten Folgen die nach ökonomischen Gesichtspunkten ausgerichteten Verwaltungsreformen haben können. Wir interpretieren die Aussagen der Berater und der Führungskräfte des öffentlichen Diensts bzw. deren Berichte über Konflikte, kritische Situationen oder überflüssige Ansätze als Resultat gesellschaftlicher und ökonomischer Veränderungen. Dies bedeutet, dass wir „Theorien" einbeziehen, denn erst dadurch kann eine Aussage oder Erfahrungswiedergabe eines Beteiligten strukturiert interpretiert werden bzw. aus Erfahrungswissen Reflexionswissen erzeugt werden. Im Vordergrund stehen hierbei die Bürokratietheorie Max Webers, die Transaktionskostentheorie sowie der soziologische Neoinstitutionalismus. Mit ersterer kann das Verhältnis zwischen Demokratie und Verfahrensmäßigkeit beleuchtet werden, mit zweiterer kann die Rolle externer Berater ökonomisch begründet werden, und mit letzterer können Reformen der öffentlichen Verwaltung im Hinblick auf öffentlichen Legitimationsdruck und Beratungsprojekte hinsichtlich inoffizieller Funktionen interpretiert werden.

Wie erwähnt legen wir einen besonderen Fokus auf das Thema „eGovernment".[2] Unter diesem Begriff wird seit Ende der neunziger Jahre der verstärkte Einsatz von Informations- und Kommunikationstechnologie für die öffentliche Verwaltung verstanden. Insbesondere die systematische Verwendung des Internets sollte das Verwaltungshandeln nicht nur effizienter und kostengünstiger, sondern auch kunden- bzw. bürgerfreundlicher gestalten. In Deutschland wird eGovernment durch Bundes- und Landesregierungen seit der Jahrtausendwende stark gefördert. eGovernment bildete bereits vor einigen Jahren auf Bundesebene neben den Initiativen „Bürokratieabbau" und „Modernes Verwaltungsmanagement" die dritte Säule des Reformprogramms „Moderner Staat – Moderne Verwaltung" (BMI 2004a). Auch heute noch stehen IT-bedingte Veränderungen im Zentrum größerer Verwaltungsreformen und kleinerer Projekt, in fast allen Fällen unterstützt durch externe Berater. eGovernment ist damit in besonderem Maße geeignet, die Dynamik des Beziehungsgeflechts Bürokratie, Wirtschaft und Unternehmensberater herauszuarbeiten.

Gleich zu Beginn unserer Gespräche stellte sich heraus, dass der in der Literatur übliche Begriff „New Public Management" nur von den wenigsten Gesprächspartnern verwendet wird. Sie sprechen vielmehr von „Neuen Steuerungsinstrumenten" (NSI), dem „Neuen Steuerungsmodell" (NSM) oder der „Neuen Verwaltungssteuerung". Dementsprechend wurde in den Gesprächen auf den Anglizismus verzichtet. Anonymität wurde den Gesprächspartnern stets zugesichert; sie ist für die Führungskräfte des öffentlichen Sektors aus dienstrechtlichen Gründen wichtig, aber auch für die der professionellen Vertraulichkeit unterliegenden Berater.

Aus dem öffentlichen Sektor haben wir mit den Projektleitern eGovernment eines Bundesministeriums und einer weiteren Bundesbehörde gesprochen, mit einem stellvertretenden Abteilungsleiter der Staatskanzlei eines Bundeslands, mit dem Leiter des Arbeitskreises eGovernment in dieser Staatskanzlei, mit dem Landesleiter eGovernment eines Innenministeriums eines Bundeslands, mit dem Leiter des Fachbereichs IT der Verwaltung einer Stadt mit 400.000 Einwohnern, mit dem Leiter des Baureferats im Finanzministeriums eines Bundeslands, mit dem Leiter der Stabsstelle für Verwaltungsmodernisierung im Innenministerium eines Bundeslands, mit dem Schulleiter eines großen beruflichen Schulzentrums, mit dem Leiter des Ordnungs- und Rechtsamts eines Landkreises, mit dem Hauptpersonalrat eines Kultusministeriums eines Bundeslands, mit dem Behördenleiter eines Finanzamts, mit dem Beauftragten für die Einführung neuer Steuerungsinstrumente eines Kultusministeriums, mit der Referatsleiterin in der Abteilung für Verwaltungsreformen eines Regierungspräsidiums, mit dem Referatsleiter für Projekt- und Prozessorganisation einer Obersten Landesbehörde, mit dem stellvertretenden Vorsitzenden eines Beamtenverbands, mit dem Leiter einer Stabsstelle für die Modernisierung der Justizverwaltung in einem Bundesland, mit dem Bürgermeister einer mittelgroßen Stadt sowie mit drei leitenden Mitarbeitern eines Wohlfahrtsverbands.

---

[2] Für „eGovernment" gibt es synonym verwendete Begriffe wie „web-enabled government", „internetworked-government" oder „virtual-government" sowie alternative Schreibweisen wie „e-government". Mit dem gewählten Begriff und der entsprechenden Schreibweise richten wir uns nach den Veröffentlichungen des Bundesministerium des Innern (vgl. BMI 2004a).

In den Beratungen haben wir mit drei Projektleitern von international führenden Strategieberatungen gesprochen, die Projekte im öffentlichen Bereich geleitet haben; mit zwei Projektleitern im öffentlichen Bereich von mittelgroßen internationalen Beratungen mit Fokus auf IT und Prozessoptimierung sowie mit zwei Geschäftsführern und einem Senior-Berater von mittelständischen Beratungen mit Fokus auf den öffentlichen Sektor. Die Auswahl der Gesprächspartner kam jeweils dadurch zustande, dass wir bei Behörden, von denen wir wussten, dass Verwaltungsreformen im Gang sind, um Vermittlung an Gesprächspartner gebeten haben, der für die Verwaltungsreformen zuständig ist, sowie durch Weiterempfehlungen dieser Personen. Unternehmensberatungen haben wir direkt nach Partnern/Geschäftsführern und Senior-Beratern angesprochen, die Projekte im öffentlichen Dienst geleitet haben.

In allen Fällen hatten wir den Eindruck, dass die Gesprächspartner ihre Erfahrungen mit Beratungsprojekten im öffentlichen Dienst mit Dankbarkeit weitergaben. Sowohl Berater als auch die Führungskräfte im öffentlichen Dienst haben die Beratungsprojekte als beruflich anstrengend, zum Teil als persönliche Belastung wahrgenommen (siehe Zitate zu Beginn des Buchs). Die Gespräche mit uns wurden als Gelegenheit empfunden, mit ihren Erfahrungen möglicherweise ein kleines Stück zur besseren Zusammenarbeit in zukünftigen Projekten beitragen zu können. Insgesamt waren wir überrascht von der Hilfsbereitschaft der Personen, Auskunft zu geben und uns an weitere Gesprächspartner weiterzuempfehlen. Ursprünglich waren wir davon ausgegangen, dass sowohl in Beratungen als auch im öffentlichen Dienst eine bestimmte Reserviertheit gegenüber uns Wissenschaftlern oder dem Vorhaben bestehen würde. Wir dachten, unsere Gesprächspartner könnten sich geprüft oder evaluiert vorkommen. Aber nachdem die Gesprächspartner in den ersten Gesprächsminuten gespürt haben, dass wir mit der Grundproblematik vertraut sind, sie als Experten schätzen statt zu „prüfen", waren Skepsis und Reserviertheit zunehmend aufgelöst und ein gemeinsamer Prozess der Erfahrungsweitergabe und -aufnahme stand im Vordergrund.

Wir haben das Buch in sieben Kapitel gegliedert. Im folgenden Kapitel 2 wird die gegenwärtige Diskussion über Bürokratie im öffentlichen Dienst dargestellt. Zunächst gehen wir auf die Bürokratietheorie von Max Weber ein, stellen anschließend die Kritik an bürokratischer Organisation als ideelle Grundlage der Verwaltungsreformen dar, und schließlich berichten wir über die Verteidigung von Bürokratie auf Basis von Demokratietheorie. Ebenfalls in Kapitel 2 behandeln wir die institutionellen Rahmenbedingungen von Beratung im öffentlichen Sektor, d. h. die Gesetzeslage und die Rolle der Berufsverbände. In Kapitel 3 widmen wir uns den Erklärungsansätzen für die steigende Nachfrage nach Beratungsdienstleistungen im öffentlichen Sektor, wobei wir uns vor allem auf zwei in Theorien beziehen: die Transaktionskostenökonomik und den soziologischen Neoinstitutionalismus.

In Kapitel 4 widmen wir uns den Marktmechanismen. Hier gehen wir auf die Handhabung der Auftragsvergabe gemäß Verdingungsordnung für freiberufliche Leistungen (VOF) ein, auf die Bedeutung von Reputation und Referenzen von Unternehmensberatungen sowie auf den Markteintritt und das Marketing von Unternehmensberatungen. In

Kapitel 5 berichten wir vom „Projekt" im engeren Sinne. Dabei fokussieren wir auf die Funktionen und Rollen von Beratern, auf die Frage der Übertragbarkeit privatwirtschaftlicher Kompetenzen, auf Kommunikationsprobleme zwischen Beratern und Mitarbeitern im öffentlichen Dienst sowie auf Fragen der Mitarbeitermotivation bei Verwaltungsreformen. Kapitel 6 geht auf eGovernment als besonderen Fall ein. Im Vordergrund stehen hier die Gegenüberstellung von Anspruch und Realität des eGovernment sowie die Rolle von Beratern. Kapitel 7 schließt das Buch mit einer Zusammenfassung, mit Schlussfolgerungen und einem Ausblick ab.

Insgesamt war es unser Bemühen, ein kurzes und bündiges Buch zu schreiben. Wir haben die Darstellung der Theorien kurz gehalten und geben dafür den Aussagen der Berater und Führungskräfte der Verwaltung mehr Raum. Bei jedem Zitat haben wir darauf geachtet, dass es aus unserer Sicht einen Lerneffekt bereithält. Unsere Kommentare und Interpretationen stellen jeweils Angebote dar, die Einzelaussagen in einen ökonomischen und soziologischen Kontext einzuordnen und die Schwierigkeiten der Projekte nicht als Einzelerscheinungen, sondern als natürliche und zu erwartende Friktionen zwischen unterschiedlichen Institutionen zu verstehen.

2 Öffentlicher Dienst und Bürokratie: Kritik und Reform

2.1 Bürokratie als Modell der „rationalen Organisation"

Max Weber (1864-1920), ein Klassiker der Sozialwissenschaften und Mitbegründer des Fachs Soziologie, war der erste, der über Bürokratie aus sozialwissenschaftlicher Perspektive geschrieben hat. Bürokratie war für ihn eine von mehreren Formen von „Herrschaft". Er ging von drei Entstehungsmöglichkeiten von Herrschaft aus: Charisma, Tradition und Legalität, wobei letztere die einzige „rationale" Form der Herrschaft sei (Weber 1956 [1920]). Gemäß seiner Leitidee der fortschreitenden Rationalisierung sah Weber in der Bürokratie die reinste Form legaler Herrschaft und die höchste Stufe der Rationalität, die durch Sachlichkeit, Unpersönlichkeit (im positiven Sinne verstanden als Unparteilichkeit) und Berechenbarkeit gekennzeichnet ist (Weber 1956 [1920]: 124 ff. sowie 551 f.). Webers Idealtyp der Bürokratie als rational-legale Herrschaft zielt auf die Vermeidung jeglicher persönlicher Willkür bei der Herrschaftsausübung. Dies impliziert nach Weber auch, dass Beamte im Zweifel gegen ihr Gewissen handeln müssen, wenn der Dienst oder die Vorschrift es fordern, denn das Gewissen ist etwas Persönliches. Strukturell ist die Bürokratie gekennzeichnet durch einen hohen Grad an Arbeitsteilung, durch klare Orientierung an Regeln und Richtlinien, durch eine Amtshierarchie mit vorgezeichneten Kommunikationswegen und Karrierepfaden sowie durch eine strikte Aktenmäßigkeit aller Vorgänge und behördlichen Entscheidungen (Weber 1956 [1920]: 124 ff. und 559 ff.). Weber erwartet von der aus der Arbeitsteilung resultierenden Spezialisierung und des akkumulierten Fachwissens eine besonders zweckmäßige Aufgabenerfüllung. Er sieht in der bürokratischen Verwaltung, die gleichermaßen in „Staat, Kirche, Heer, Partei, Wirtschaftsbetrieb, Interessenverband, Verein, Stiftung und was immer es sei" etabliert sei, die „Keimzelle des modernen okzidentalen Staats": „[O]hne ihn [den bürokratischen Apparat, d. Verf.] würde in einer Gesellschaft [...] die moderne Existenzmöglichkeit für alle außer den noch im Besitz der Versorgungsmittel Befindlichen (den Bauern) aufhören" (Weber 1956 [1920]: 128).

Weber ging davon aus, dass die Bürokratie effizienter sei als vorrationale Verwaltungsformen und vergleicht sie mit einer gut geölten Maschine: „Präzision, Schnelligkeit, Eindeutigkeit, Aktenkundigkeit, Kontinuierlichkeit, Diskretion, Einheitlichkeit, straffe Unterordnung, Ersparnisse an Reibungen" (Weber 1956 [1920]: 569 f.) würden sie auszeichnen. Zur Illustration arbeitete Weber den Unterschied von Politiker und Bürokrat wie folgt heraus:

„Der echte Beamte [...] soll seinem eigentlichen Beruf nach nicht Politik treiben, sondern: ‚verwalten‘, unparteiisch vor allem, – auch für die so genannten „politischen" Verwaltungsbeamten gilt das, offiziell wenigstens, soweit nicht die „Staatsräson", d. h. die Lebensinteressen der herrschenden Ordnung, in Frage stehen. Sine ira et studio, „ohne Zorn und Eingenommenheit" soll er seines Amtes walten. Er soll also gerade das nicht tun, was der Politiker, der Führer sowohl wie seine Gefolgschaft, immer und notwendig tun muss: kämpfen. Denn Parteinahme, Kampf, Leidenschaft – ira et studium – sind das Element des Politikers. Und vor allem: des politischen Führers. Dessen Handeln steht unter einem ganz anderen, gerade entgegengesetzten Prinzip der Verantwortung, als die des Beamten ist. Ehre des Beamten ist die Fähigkeit, wenn – trotz seiner Vorstellungen – die ihm vorgesetzte Behörde auf einem ihm falsch erscheinenden Befehl beharrt, ihn auf Verantwortung des Befehlenden gewissenhaft und genau so auszuführen, als ob er seiner eigenen Überzeugung entspräche: ohne diese im höchsten Sinn sittliche Disziplin und Selbstverleugnung zerfiele der ganze Apparat." (Weber 1992: 189 f., Hervorhebungen im Original)

Weber trennt also deutlich zwischen der Exekutive und der Politik, welche die Verantwortung für ihre Entscheidungen zu tragen hat und nicht an die Verwaltung abtreten kann. Dem Beamten als untergeordnetem Rädchen einer Maschine kommt mit der gewissenhaften Ausführung von Befehlen der politischen Ebene eine wichtige, gar „sittliche" und ehrenwerte Aufgabe bis zur „Selbstverleugnung" zu. Weber nimmt den Beamten in Schutz vor dem „an Stelle positiver Kritik stehende[n] sterile[n] Schelten über den ‚heiligen Bürokratius‘", denn „[s]elten und jedenfalls nicht bei parlamentarisch geschulten Völkern ist das Verhältnis des Publikums zum Beamtentum so verständnislos wie in Deutschland" (Weber 1956 [1920]: 863).

Aus heutiger Sicht ist Webers Glauben an die prinzipielle Effizienz der Bürokratie durch Spezialisierung überholt. Kritik an der Bürokratie, gerade an deren mangelnder Effizienz, gab es jedoch bereits zu Webers Zeiten reichlich, und vor allem auch durch Weber selbst, der Bürokratie als „stahlhartes Gehäuse" bezeichnete, in der Vorschriften immer neue Ausführungsvorschriften nach sich zögen und die Bürokratie sich damit immer selbst verstärke. Bürokratiekritik ist somit fast so alt wie die Bürokratie selbst. Weber hat den Effekt der Spezialisierung und des Expertentums überschätzt. Auch die Sittlichkeit der Regeleinhaltung, die Weber positiv anführt, ist nur eine Seite der Medaille, auf deren anderer Seite der Kadavergehorsam, also die Befehlseinhaltung entgegen dem eigenen Gewissen steht. Die Konsequenzen des Kadavergehorsams, des Ethos des Gehorsams gegenüber der höheren Instanz, im Unrechtsstaat bis hin zum Vernichtungskrieg und Völkermord, hat Weber damals nicht vorausgesehen. Er ging davon aus, dass der Staat einen positiven Gesamtwillen verkörpere, so dass er die Regeleinhaltung entgegen dem eigenen Gewissen als sittlichen Dienst am positiven Gesamtwillen sah. Aus heutiger Sicht auf die Geschichte des 20. Jahrhunderts war das naiv; zu seiner Zeit war Webers positive Darstellung von Verfahrensmäßigkeit eine Analyse, die sich gegen monarchistische oder spätfeudale Willkür stellte.

2.2 Bürokratie in der Kritik

Obwohl staatliche Bürokratie heutzutage als selbstverständlich erscheint, ist diese Organisationsform ein relativ junges Phänomen, das erst im 19. Jahrhundert weite Verbreitung erlangte und im engen Zusammenhang mit dem Verschwinden von Feudalherrschaft und dem Entstehen von Nationalstaaten stand. Auch die Kritik an Bürokratie war damals schon reichlich vorhanden. Beispielsweise zitiert Kieser (2001) den preußischen Freiherrn vom Stein, den Liberalen John Stuart Mill, den zur Wende zum 20.Jahrhundert bedeutenden Soziologen Herbert Spencer und den damals einflussreichen Ökonom Gustav Schmoller als Personen, die schon im 19. Jahrhundert bei der Bürokratie eine Tendenz zur Verselbständigung, Wucherung und Pedanterie sowie einen Kontrollverlust der politischen Klasse über die Verwaltung diagnostizierten. In jüngerer Zeit identifizierte Caiden (1991) gar 175 „Bürokratie-Pathologien" (bureaupathologies), von „A" wie „abuse of authority/power/position" bis „X" wie „xenophobia". Eine bekannte, ironische Auseinandersetzung mit dem Phänomen des Aufgabenwachstums staatlicher Bürokratien findet sich bei Parkinson (1962: 21 ff.): Am Beispiel des britischen Marineministeriums formuliert Parkinson sein „erstes Parkinsonsches Gesetz", wonach die Behörde für die Erledigung einer Aufgabe immer soviel Zeit benötige, wie ihr aufgrund der vorhandenen Ressourcen zur Verfügung steht. Trotz eines schwindsüchtigen Kolonialreiches und einer immer kleineren Kriegsflotte blähte sich das Marineministerium immer weiter auf – die Bürokratie beschaffte sich ihre Arbeit also selbst.

Kritik an bürokratischen Organisationsformen kam immer schon aus verschiedenen Lagern. Während manche Gegner sich nur auf bürokratische Regeln innerhalb von Unternehmen beziehen und die öffentliche Verwaltung als schlechtes Beispiel anführen, wohin ein Übermaß an Bürokratie führen kann (z. B. Peters/Waterman 1991), beziehen sich andere vor allem auf die staatliche Bürokratie. Auch Max Weber sah die Problematik einer starren Bürokratie sehr deutlich. Wie erwähnt prägte er den Begriff „stahlhartes Gehäuse", ins Englische übersetzt als „iron cage", um die Schwerfälligkeit und Veränderungsunfähigkeit einer bürokratischen Ordnung zu skizzieren. Darüber hinaus sah Weber auch die Gefahr, dass die Bürokratie sich der politischen Kontrolle auf Dauer entziehen könne. So schreibt er zum Beispiel: „Stets die Frage: wer beherrscht den bestehenden bureaukratischen Apparat? Und stets ist seine Beherrschung dem Nicht-Fachmann nur begrenzt möglich: der Fach-Geheimrat ist dem Nichtfachmann als Minister auf die Dauer meist überlegen in der Durchsetzung seines Willens" (Weber 1956 [1920]: 128 f.). Weber sieht den Grund für die mangelnde Kontrollmöglichkeit der Administration vor allem in der Wissensdifferenz zwischen der Regierung und ihrer Verwaltung:

> „[S]tets befindet er [der Regierende, Anm. d. Verf.] sich den im Betrieb der Verwaltung stehenden geschulten Beamten gegenüber in der Lage des ‚Dilettanten' gegenüber dem ‚Fachmann'. Diese Überlegenheit des berufsmäßig Wissenden sucht jede Bürokratie noch durch das Mittel der Geheimhaltung ihrer Kenntnisse und Absichten zu steigern. Bürokratische Verwaltung ist ihrer Tendenz nach stets Verwaltung mit Ausschluss der Öffentlichkeit. Die Bürokratie verbirgt ihr Wissen und Tun vor der Kritik, soweit sie irgend kann." (Weber 1956 [1920]: 580)

Als Beispiel für eine solche Verselbständigung der Bürokratie nennt Weber das Scheitern der Abschaffung der Leibeigenschaft unter Friedrich dem Großen – die Verwaltung widersetzte sich schlicht dessen Anordnungen, welche sie als „dilettantische Gelegenheitseinfälle" abtat (Weber 1956 [1920]: 581). Ein Beispiel der jüngeren Geschichte liefert Lipset (1959) in seiner Analyse, wie die 1945 neu gewählte sozialdemokratisch/sozialistische Regierung im kanadischen Bundesstaat Saskatchewan an der überwiegend konservativen Beamtenschaft bei der Umsetzung ihrer politischen Ziele scheiterte.

Weber stellte auch Überlegungen darüber an, wie der Verkrustung bürokratischer Strukturen entgegengewirkt werden könne und schlug den „charismatischen Führer" als Gegenpol zur nüchternen Verwaltung vor, da er den politischen Parteien eine solche Kontrollfunktion nicht zutraute. Wenn wir heute in Deutschland aus historischer Perspektive der Idee eines charismatischen Führers kritisch gegenüberstehen, so bleibt festzuhalten, dass Weber nie eine Abschaffung der Bürokratie anstrebte, sondern sie für eine unabdingbare Voraussetzung und sittliche Institution für einen modernen Staat hielt, die jedoch mit zusätzlichen Maßnahmen vor Verselbständigung und Machtakkumulation geschützt werden muss.

Im wissenschaftlichen Kontext befasste sich vor allem die Public-Choice-Theorie mit der ökonomischen Analyse von Politik. Mehrere Wissenschaftler richteten ihr Forschungsinteresse auf die staatliche Bürokratie, unter ihnen William A. Niskanen (1974), Gordon Tullock und Anthony Downs (1966). Niskanens Modell zur Bestimmung des Output-Niveaus einer Behörde basiert auf der Annahme, dass der Bürokrat stets versuchen wird, das eigene Budget zu maximieren:

> „Bureaucrats maximize the total budget of their bureau during their tenure, subject to the constraint that the budget must be equal or greater than the minimum total costs of supplying the output expected by the bureau's sponsor." (Niskanen 1974: 42)

> „For these reasons, budget maximization should be an adequate proxy even for those bureaucrats with a relatively low pecuniary motivation and a relatively high motivation for making changes in the public interest. This is supported by the observation that the most distinguished public servants of recent years substantially increased the budgets of the bureaus for which they were responsible. [...] It is impossible for any one bureaucrat to act in the public interest, because of the limits on his information and the conflicting interests of the others [...]."(Niskanen 1974: 38 f., Hervorhebung im Original)

Tendenziell führe das Eigennutzen-orientierte Verhalten der Bürokraten zur Überproduktion öffentlicher Güter und damit einem Aufblähen des staatlichen Sektors. Dementsprechend werden als Gegenmaßnahmen Budgetkürzungen, Personalabbau, eine intensivierte politische Kontrolle, Wettbewerb zwischen Behörden sowie veränderte Anreizsysteme gefordert (Niskanen 1974: 37 ff.).

Unternehmensberater beteiligen sich gelegentlich an der Formulierung und Popularisierung von Bürokratiekritik. Dabei können sie sich auf eine in der Bevölkerung verbreitete bürokratiefeindliche Grundströmung stützen. Beispielhaft seien hier zwei der bekanntes-

ten Unternehmensberater erwähnt, die vehement und öffentlichkeitswirksam Bürokratiekritik üben: Tom Peters, ehemals Berater bei McKinsey & Co., und David Osborne, Mana-
ging Partner der Public Strategies Group mit Sitz in Saint Paul, Minnesota – laut Eigenaus-
kunft „one of the nation's foremost consulting firms specializing in reinvention" (Osborne
& Plastrik 1997: 351). Deren Werke wurden millionenfach verkauft. Die Bürokratie wird
von beiden als Wurzel allen Übels identifiziert. So schreiben Peters & Waterman (1991) in
ihrem Bestseller „Auf der Suche nach Spitzenleistungen", dass der Erfolg der Spitzenun-
ternehmen vor allem darauf beruhe, dass die Manager nicht „auf Organigramme, Stellen-
beschreibungen oder haargenaue Übereinstimmungen von Kompetenzen und Verantwortung fixiert" seien. Bei der Lektüre der Bücher bekommt man den Eindruck, die Autoren
befänden sich auf einer Art Kreuzzug gegen Regeln, Prozesse, Strukturen und „große[r]
bürokratische Gebilde, die einfach nicht handlungsfähig sind" (Peters & Waterman 1991:
165). Stattdessen fordern sie die „Adhokratie" (Peters & Waterman 1991: 151 f.), um die
Organisation „flexibel und aktionsorientiert" zu machen. Mit Adhokratie meinen sie die
Herrschaft der Kompetentesten statt der hierarchisch Höchstgestellten. Eine Ironie ist, dass
Max Weber ja gerade davon ausging, dass in der Bürokratie das Expertentum („Fachmen-
schentum", wie es damals hieß) gefördert werde.

Der Bestseller „Reinventing Government: How the Entrepreneurial Spirit is Transforming
the Public Sector" (Osborne & Gaebler 1993) überträgt das Prinzip des Unternehmergeistes
auf den öffentlichen Sektor. Es wird versucht, Bürokratie „zu verbannen" („Banishing
Bureaucracy" lautet der programmatische Titel des Buches von Osborne & Plastrik 1997,
dem Nachfolger von „Reinventing Government"). Wenn sich Osborne & Gaebler (1993)
oder Peters über Bürokratie äußern, so haben sie eine besondere Semantik im Sinne: Sie
wird synonym zu „waste, inertia, excessive red tape and other dysfunctions"[3] verstanden –
und zwar sowohl bezogen auf private als auch auf öffentliche Organisationen. In seinem
Buch „Kreatives Chaos" erläutert Tom Peters im jeweils letzten Abschnitt zu jedem Mana-
gement-Leitsatz, wie dieser auf die öffentlich Verwaltung übertragen werden könne, denn:
„Beide Sektoren *sind* vergleichbar, was sich bei wirklich kompetenten Leuten auch an der
Sprache zeigt" (vgl. Peters 1988: 59, Hervorhebung im Original). Hier versucht Peters also
die Übertragung von Bürokratiekritik vom privaten auf den öffentlichen Sektor.

New Public Management kann also zugespitzt als eine Alternative zu Max Webers
Bürokratiemodell interpretiert werden. Das Management in der Privatwirtschaft fungiert
eindeutig als Referenzsystem für NPM. Organisationsentwicklungen in Unternehmen seit
den siebziger Jahren, wie etwa Dezentralisierung, flache Hierarchien sowie Mitarbeiter-
und Kundenorientierung werden im Rahmen des NPM auch für die öffentliche Verwaltung diskutiert und umzusetzen versucht. Diese Entwicklung entspringt der Überzeugung, dass Managementkonzepte der Privatwirtschaft denen des öffentlichen Sektors in
der Regel überlegen seien, also bei Übertragung dessen Leistungsfähigkeit zu steigern und
bürokratische Dysfunktionen zu überwinden vermögen (Budäus & Grüning 1998: 6).

---

[3] Für „red tape" gibt es keine exakte Übersetzung ins Deutsche. Es bezeichnet Amtsschimmel,
    übertriebenes Abteilungsdenken, Bürokratismus, Papierkrieg.

Als Hintergrund des NPM wird allgemein eine „Modernisierungs- und Leistungslücke"
gesehen, die den Abstand zwischen dem wachsenden Volumen der Aufgaben und dem
nicht ausreichenden Leistungspotenzial der öffentlichen Verwaltung zu deren Erfüllung
beschreibt (z. B. Budäus & Grüning 1998). Gemäß dieser Lesart lassen die Dysfunktionen
der Bürokratie, die Änderungen des Umfelds öffentlicher Verwaltungen, die Finanzknapp-
heit vieler Staaten sowie steigende Ansprüche der Bürger und Mitarbeiter an die Verwaltung
in Folge einer verbesserten Dienstleistungsqualität in der Privatwirtschaft eine tiefgreifende
Unzufriedenheit mit der Bürokratie entstehen (vgl. Budäus & Grüning 1998: 4 f.). Als Folge
dieser Umstände wurde ein gesteigertes politisches Interesse an der Reform der öffentlichen
Verwaltung gesehen, insbesondere in angelsächsischen Ländern wie Neuseeland, Großbritannien, Kanada, Australien und den USA. Margaret Thatcher leitete als erste entsprechende
Reformen in Großbritannien ein. Auch Ronald Reagan erhöhte mit seinem Programm des
„Neuen Föderalismus" den Druck auf die Verwaltungen, indem er Bundeszuschüsse für
Staaten und Kommunen kürzte und damit innovative Ideen für neue Einnahmen und Effi-
zienzsteigerungen in der Verwaltung zu stimulieren versuchte.

2.3   Die Verteidigung der Bürokratie: das Ethos der Verfahrensmäßigkeit

Wäre Max Weber noch am Leben, könnte er sich mit NPM-Anhängern möglicherweise
noch auf eine gemeinsame Definition einigen, was nun „den Bürokraten" an sich ausmacht. Doch in der Bewertung eines solchen würden sich große Unterschiede offenbaren:
Weber hat es abgelehnt, verfahrensmäßiges Verhalten als moralisch verwerflich oder une-
thisch zu verdammen. Im Gegenteil, er hatte, wie oben dargelegt, Respekt vor der bürokratischen Lebensführung und erkannte in ihr eine zentrale Rolle für das Funktionieren eines
Staates, in dem prozedurale Gerechtigkeit einer Bürokratie autoritäre oder theokratische
Mächte kontrolliert. Das Individuum ist nicht mehr abhängig von der Macht oder Willkur
der herrschenden Gruppen, sondern kann sich auf eine uniforme Behandlung seitens der
Bürokratie verlassen, ungeachtet des eigenen Standes. Nach Weber dient also das bürokratische Ethos von Neutralität, strikter Regelbindung und Aktenmäßigkeit dem Abpuffern
des Drucks, der durch sozialen Status, Ideologien, organisierte Interessen oder persönliche
Macht aufgebaut werden kann.

Inwieweit die Verwaltung sich einem solchen äußeren Druck widersetzen kann, hängt
auch davon ab, wie stark ein bürokratisches Ethos von politischer Neutralität und zugleich
Loyalität gegenüber gewählten Politikern im Selbstverständnis der Beamtenschaft verankert ist. Paul Du Gay (2000) versucht in seinem Buch, die Bedeutung des seiner Meinung
nach zuletzt viel gescholtenen bürokratischen Ethos für freiheitlich-demokratische Staaten
herauszuarbeiten:

> „Because a system of representative government requires officials to act as the custodians of the constitutional values it embodies, it cannot frame the role of bureaucrats solely in terms of efficient management, performance, responsiveness and securing results. [...] Representative democracy, I suggest, still needs the bureaucratic ethos." (Du Gay 2000: 12)

In Begriffen der Weberschen Herrschaftstypologie kann Du Gay zufolge in NPM der Versuch gesehen werden, die legal-rationale Herrschaft der Bürokratie durch eine „managierell-charismatische" Herrschaft zu ersetzen. Statt Leidenschaftslosigkeit sollen Visionen, „missions" und Unternehmergeist die Bürokraten auszeichnen. Du Gay wirft den „Reinventing Government"-Anhängern eine gefährlich verkürzte und einseitige Sicht auf die öffentliche Verwaltung alter Schule vor: Bei einem solchen verengten Bürokratiebegriff bestehe die akute Gefahr, positive Seiten einer bürokratischen Organisation aus den Augen zu verlieren:

> „While it would be ridiculous to suggest that bureaucracy is an unambiguous achievement, the wholesale and largely unreflexive denigration of the ethos of office currently taking place should be cause for not inconsiderable concern. [...]
>
> As advocates of entrepreneurial governance appear incapable of conceptualising public bureaux in anything other than negative terms, they cannot imagine what sort of positive governmental role the bureau might be performing. Texts such as those by Osborne and Gaebler (1992) tell their readers very little about the technical, political or ethical organization of any actually existing public bureau." (Du Gay 2000: 79 f. und 86)

Auch Kaufman (1981) spricht von der Bürokratie-Feindlichkeit als einer Art Epidemie, die nicht nur in den USA virulent sei. Er argumentiert, dass das Aufblähen der staatlichen Aktivität nicht etwa einer mangelnder Kontrolle des Bürgers über die Administration geschuldet sei (im Sinne der Public-Choice-Theorie), sondern als Zeichen der Anpassungsfähigkeit der Verwaltung an sich ändernde (und steigende) Anforderungen der Bürger interpretiert werden müsse. Die Rede von einer ineffizienten, ineffektiven Verwaltung, die von faulen und inkompetenten Beamten geführt werde, wird als populärer Mythos bezeichnet, der in erster Linie privatwirtschaftlichen Interessen diene (siehe auch Kline & Buntz 1979). Die NPM-Prinzipien, welche aus der privaten Wirtschaft auf die öffentliche Verwaltung übertragen werden sollen, werden zumeist als gesunder Menschenverstand und universell anwendbar dargestellt. Du Gay (2000: 7) argumentiert darüber hinaus, dass viele NPM-Prinzipien und -Maßnahmen dem besonderen „value context", also der Werthaltung der Gleichbehandlung von Bürgern unabhängig von Status, Vermögen, Herkunft, Religion etc. nicht gerecht werden würden. Nach Du Gay laufe man Gefahr, aufgrund der unübersehbaren Mängel bürokratischer Organisationsformen die Bürokratie als Ganzes zu verdammen. Auch Mayntz wendet ein, dass dies hieße, das Kind mit dem Bade ausschütten, denn

> „die Mängel der bürokratischen Organisation [sind] nicht etwa die vermeidbare Entartung eines eigentlich positiven Prinzips. Vorzüge und Mängel bürokratischer Organisation sind vielmehr zwei Seiten der gleichen Medaille, d. h. sie folgen aus den gleichen Strukturprinzipien." (Mayntz 1997: 115)

Daher spricht Mayntz auch von der „Janusgesichtigkeit" der öffentlichen Verwaltung, die sie am Beispiel der Regelbindung exemplarisch nachzeichnet. Die von Weber postulierte Effizienz bürokratischer Organisation ist „nicht richtig oder falsch, sondern sie gilt – aber nur unter bestimmten Voraussetzungen" (Mayntz 1997: 121). NPM-Anhänger würden dazu tendieren, die unter bestimmten Bedingungen gegebene Zweckmäßigkeit von Bürokratie zu übersehen, schreibt Du Gay:

> „Instead, they [staatliche Bürokratien, d.Verf.] should be respected for their limited but nonetheless important achievements – such as the capacity to divorce the administration of public life from private moral absolutisms – achievements that those of us who are lucky enough to live in pacified societies should not take so readily for granted." (Du Gay 2000: IX f.)

> „If the bureau is seen in this light – as a distinctive life order with its own ethos – then it cannot be open to problematization for its failure to realize ends that it was not designed to meet." (Du Gay 2000: 76)

Du Gay (2000: 87 ff.) identifiziert mehrere Probleme, die bei der Übertragung von Management-Konzepten in die Bürokratie auftreten können. Dabei stützt er sich auf Untersuchungen, die zu den Auswirkungen der „Next Steps"-Initiative[4] der britischen Regierung auf den dortigen Civil Service angestellt wurden. So konstatiert Du Gay einen Verlust von Verantwortlichkeit und Zurechenbarkeit, der aus der geforderten strikten Trennung von Politik und Verwaltung resultiere. Diese stelle zwar genau eine Forderung des NPM dar, aber in der Praxis führe sie dazu, dass die Verantwortung für Fehlentscheidungen nicht mehr klar einem (zumindest indirekt vom Elektorat abhängigen) Minister zugeordnet werden kann. Das traditionelle Prinzip, nachdem der Minister für sämtliche Entscheidungen der ihm Untergeordneten persönlich verantwortlich ist, werde ausgehebelt. Gleichzeitig würden durch diese Entwicklung die Top-Bürokraten politisiert und nähmen eine neue Rolle als „Manager" ein, welche im diametralen Gegensatz zur kompromisslosen parteipolitischen Neutralität und Leidenschaftslosigkeit im Weberschen Sinne stünde.

Du Gay (2000: 88) merkt dazu an, dass bereits mehr als ein Drittel der derzeitigen Behördenleiter in Großbritannien nicht mehr aus den Reihen des Civil Service komme, sondern extern rekrutiert worden sei. Webers Herrschaft der formalistischen Unpersönlichkeit werde dadurch korrumpiert. Darüber hinaus wachse durch die neue Machbarkeitsideologie die Gefahr von Korruption, Parteilichkeit und Unkontrollierbarkeit der Administration:

---

4   Die Next Steps-Initiative unter Thatcher strebte die Übertragung möglichst vieler behördlicher Aufgaben auf Agenturen an, deren Ziele und Aufgaben mit dem Staat vertraglich geregelt werden sollten (vgl. Du Gay 2000: 126).

> „For example, in seeking to instill a feeling of ownership of particular policies amongst public administrators by inciting them to deploy their personal enthusiasm in their work, proponents of ‚entrepreneurial principles' (Osborne and Gaebler, 1992) seem completely unaware that they are coming perilously close to opening the doors to corruption […]." (Du Gay 2000: 79)

Der Kritik an Bürokratie, vor allem an deren mangelnder Effizienz, aber auch an deren Intransparenz und Bürgerunfreundlichkeit, steht damit eine Verteidigung von Bürokratie als Träger eines Ethos von Verfahrensmäßigkeit, Gleichbehandlung von Bürgern, Aktenmäßigkeit und Berechenbarkeit entgegen, das für das Verhältnis zwischen Bürger und Staat in einem demokratischen Rechtsstaat weder abgeschafft noch aufgrund von Effizienzüberlegungen verdünnt werden dürfte.

2.4 Die anhaltende Debatte um Reformen des öffentlichen Diensts

Eine wichtige Verteidigungslinie der Bürokratie basiert auf der vermuteten größeren Gefährdung der öffentlichen Verwaltung für Korruption, wenn privatwirtschaftliche Manager statt Bürokraten öffentliche Funktionen erfüllen. Schon Max Weber wies auf die hohe Bedeutung eines Beamtenethos hin, um Korruption aus dem Staatsapparat fernzuhalten:

> „Dem steht nun aber gegenüber die Entwicklung des modernen Beamtentums zu einer spezialistisch durch langjährige Vorbildung fachgeschulten hochqualifizierten geistigen Arbeiterschaft mit einem im Interesse der Integrität hochentwickelten ständischen Ehre, ohne welche die Gefahr furchtbarer Korruption und gemeinen Banausentums als Schicksal über uns schweben und auch die rein technische Leistung des Staatsapparates bedrohen würde, dessen Bedeutung für die Wirtschaft, zumal mit zunehmender Sozialisierung, stetig gestiegen ist und weiter steigen wird." (Weber 1992: 175 f.)

Fördert NPM also möglicherweise Korruption? Hood (1991: 16) formuliert die zugrunde liegende These so:

> „Broadly, NPM assumes a culture of public service honesty as given. Its recipes to some degree removed devices instated to ensure honesty and neutrality in the public service in the past (fixed salaries, rules of procedure, permanence of tenure, restraints on the power of line management, clear lines of division between private and public sectors). The extent to which NPM is likely to induce corrosion in terms of such traditional values remains to be tested."

Die Diskussion hierüber wird erbittert geführt, ohne dass sich bisher ein Konsens abzeichnet. Für Deutschland ist die Datenlage zur Entwicklung von Korruption nicht eindeutig: So sank der Transparency International Corruption Index für Deutschland von 8,1 im Jahre

1995 (entspricht Rang 13 bei 41 untersuchten Ländern; TI 2009) auf 7,3 in 2002, (Rang 18 bei 102 untersuchten Ländern; TI 2009), und stieg bis zum Jahr 2008 wieder auf 7,9 (Position 14 von 180; TI 2009)[5].

Die Ursachen für einen Anstieg von Korruption werden kontrovers diskutiert. NPM-Kritiker sehen im Anstieg der Korruption eine nicht intendierte Begleiterscheinung von NPM, während NPM-Befürworter auf einen allgemeinen Wertewandel in der Gesellschaft sowie die auch in der „alten" Bürokratie auftretende Korruption verweisen. So schreibt Bauer (2002: 89 ff. u. 146) in seiner Darstellung der Wertewandel-Debatte aus juristischer Perspektive über einen möglichen Zusammenhang von NPM und Korruption:

> „Die fortschreitende Abschaffung des Berufsbeamtentums und das Abtreten staatlicher Aufgaben an Private wirkt sich zusammen mit den verordneten Einsparungen tendenziell korruptionsfördernd aus. [...] Darüber hinaus besteht das Problem, dass gegenüber Privaten die Dienst- und Fachaufsicht nicht eingesetzt werden kann und interne Verfahren privater Unternehmen im Dienste der öffentlichen Verwaltung nur schwer kontrolliert werden können. [...] Das NPM sieht hingegen keine korruptionshemmenden oder -präventiven Maßnahmen vor."

Die Anhänger von NPM verweisen zwar auf die angestrebte höhere Transparenz behördlicher Entscheidungen sowie die durch NPM gesteigerte Arbeitszufriedenheit der Mitarbeiter im öffentlichen Dienst und erhoffen sich hieraus eine effektive Kontrolle von Korruption. Beide Mechanismen, insbesondere jedoch die erhöhte Transparenz von bürokratischen Prozessen, erscheinen im Prinzip als durchaus geeignet, Korruption wirksam einzudämmen, jedoch erfordert die Umsetzung dieser Elemente zielführende gesetzgeberische Aktivität. Hierzu merkt Bauer (2002: 134 u. 152) kritisch an:

> „Bewertet man abschließend das Informationsfreiheitsgesetz [das den Bürgern verbesserte Akteneinsicht ermöglicht; d.Verf.] vor dem Hintergrund der angestrebten Korruptionsprävention, so muss man zu dem Ergebnis kommen, dass der Gesetzgeber angesichts der zahlreichen Ausnahmen und der hohen Gebühren [für die Akteneinsicht; d.Verf.] seine Möglichkeiten nicht ausgeschöpft hat." (…)

> „Der Gesetzgeber hat bislang noch keine Maßnahmen zur Steigerung der Zufriedenheit am Arbeitsplatz getroffen. Ob allein die Einführung des im Rahmen der Verwaltungsreform angestrebten Leistungsprinzips in Verbindung mit einer leistungsabhängigen Vergütung die Arbeitszufriedenheit in dem Maße erhöhen kann, wie es für eine hinreichende Korruptionsprävention erforderlich ist, erscheint fraglich."

---

[5]   Der Korruptionswahrnehmungsindex (Corruption Perceptions Index, CPI) von Transparency International nimmt einen Wert zwischen 0 und 10 an, wobei ein Wert von 10 der geringsten wahrgenommenen Korruption entspricht.

Auch Weber (1956 [1920]: 863 f.) sah im Fach- und Dienstwissen die größte Machtquelle des Beamtentums und macht darauf aufmerksam: „Nur wer sich diese Tatsachenkenntnis unabhängig vom guten Willen des Beamten beschaffen kann, vermag im Einzelfall die Verwaltung wirksam zu kontrollieren." In diesem Zusammenhang macht Du Gay auf eine Umdeutung von Rechenschaftspflicht (accountability) aufmerksam, wie sie von Reformern der öffentlichen Verwaltung vorgenommen wird. Wurde Rechenschaftspflicht in der öffentlichen Verwaltung früher vor allem in seiner politisch-moralischen Dimension gesehen, so würden NPM-Anhänger den Begriff auf die bloße Zurechenbarkeit von Kosten und Leistungen im betriebswirtschaftlichen Sinne verengen (Du Gay 2000: 112). Stokes und Clegg (2002) differenzieren dementsprechend zwischen einer (kosten-)effizienten und einer effektiven, also zielerfüllenden Verwaltung:

> „While an organization may be economical in its use of resources, it is not efficient if it is focused solely on cost reduction. The removal of a bureaucratic ethos and its replacement with a cost-cutting mentality – in the guise of efficiency – may reduce personal accountability in public sector organizations because it elevates one dimension of public sector management above all considerations." (Stokes & Clegg 2002: 226 f.)

Auch die von NPM propagierte Kundenorientierung könne potenziell gefährlich werden: „The focus on ‚customer satisfaction' may be an important value for those keen to promote entrepreneurial forms of organizational governance, but in the context of public sector management it seems constitutionally surprising, hierarchically anomalous and, furthermore, potentially dangerous" (Du Gay 2000: 109). Die Befürchtung ist, dass mit einer verstärkten Kundenorientierung auch eine Kundendifferenzierung (z. B. nach wichtig versus weniger wichtig) erfolge und damit das Prinzip der Gleichbehandlung von Bürgern erodiere. Diese Ansicht wird auch von einigen Praktikern geteilt, die vor einer falsch verstandenen Kundenorientierung bzw. -zufriedenheit warnen:

> „‚Erfolgreiche' Verwaltungsbedienstete werden bei anstehenden Beförderungen eher berücksichtigt. Offensichtlich sind sie in der Lage, mit der Wirtschaft gut zusammen zu arbeiten, und können so die Zufriedenheit der Verwaltungskunden und der Vorgesetzten auf der Basis persönlicher Bekanntschaften erreichen, ohne auf große Widerstände zu stoßen." (Vahlenkamp & Knauß 1995: 147 f.)

Suleiman (2003) geht in seiner Analyse der NPM-„Bewegung" sogar noch einen Schritt weiter und sieht in ihr den Versuch, einen Pfeiler demokratischer Staaten, die Bürokratie, zu zerstören. Er konstatiert eine bedenkliche Politisierung und Instrumentalisierung der Verwaltung, die trotz aller Anfeindungen die Schlüsselinstitution für den Fortbestand demokratischer Gesellschaften, der Garant für Gleichbehandlung der Bürger und Rechtsstaatlichkeit bleibe (Suleiman 2003: 21 u. 26).

Management-Bestseller wie „Auf der Suche nach Spitzenleistungen" (Peters & Waterman 1991) hatten erheblichen Einfluss auf die Beurteilung der Leistungsfähigkeit der öffentlichen Verwaltung und die Formulierung notwendiger Reformmaßnahmen. Mit der Veröffentlichung von „Reinventing Government" durch Osborne und Gaebler nahmen auch die Reformbestrebungen in den USA zu. US-Präsident Clinton und Vizepräsident Gore machten dieses Modell zur Grundlage ihrer Reformpolitik. Auf Initiative Clintons wurde 1993 unter dem Namen „National Performance Review" die Leistungsfähigkeit der US-Bundesverwaltung untersucht. Hood (1991: 9) steht diesem starken Einfluss von Beratern kritisch gegenüber:

> „[...] in spite of its professed claims to promote the „public good" (of cheaper and better public services for all), [NPM, d.Verf.] is actually a vehicle for particularistic advantage. The claim is that NPM is a self serving movement designed to promote the career interests of an elite group of 'new managerialists' (top managers and officials in central controlling departments, management consultants and business schools) rather than the mass of public service customers or low level staff." (Hood 1991: 9)

Jann (1998: 24) registriert zusätzlich ein großes Eigeninteresse von Unternehmensberatern, den einst verschmähten öffentlichen Sektor nun für sich als Auftragsbeschaffungsprogramm entdeckt zu haben. Durch „Managementmoden" im privaten Sektor sei NPM wenn nicht ausgelöst, so doch verstärkt worden (Jann 1998: 20). Hood (1991: 8 f.) stellt fest, dass NPM als eine Mode-Erscheinung mehr „Hype" sei als Substanz habe. Wir kommen auf diese Thesen in den Kapiteln 3, 4 und 5 zurück.

Weitere Kritikpunkte beziehen sich darauf, dass NPM oft die gewünschten Kostenersparnisse vermissen ließe und den Verwaltungsstab in vielen Fällen sogar vergrößert habe. Die größte Problematik liegt gemäß Beobachtung von Hood (1991) jedoch im universalistischen Anspruch von NPM, also der undifferenzierten Annahme, dass dieselben Managementkonzepte die Dysfunktionen in Unternehmen, Politik, Verwaltungsebenen und Ländern lösen könnten (Hood 1991: 8 f.). Budäus & Grüning (1998: 7) beispielsweise sehen in NPM eine Bewegung, die zu einem neuen und universell gültigen „Best Practice-Modell" des öffentlichen Sektors führe. Nach Hood gehen die Anhänger von NPM dabei von einer gegebenen Ehrlichkeit und Verlässlichkeit der öffentlichen Verwaltung aus und nehmen die Entfernung von „devices instituted to ensure honesty and neutrality in the public sector" (Hood 1991: 16) durch die universellen Rezepte von NPM in Kauf.

> „The effects of NPM ‚clones' diffused by public management ‚consultocrats' and others into contexts where there is little ‚capital base' of ingrained public service culture [...] will be particularly interesting to observe." (Hood 1991: 16)

Jann (1998: 24) bringt weitere Kritikpunkte vor: Er sieht NPM als undurchsichtigen Konzeptpluralismus, der wenig Substanz biete, eine Ignoranz gegenüber begrenztem Erfolg organisatorischer Änderungen aufweise und ein Instrument neoliberaler Ideologien sei, das langfristig den Abbau des Wohlfahrtsstaats anstrebe.

Trotz dieser Kritik sind die Ansätze des NPM für die Reformbestrebungen im öffentlichen Sektor zentral geblieben. In Deutschland sind entsprechende Konzepte des NPM seit Beginn der neunziger Jahre auf kommunaler Ebene von der Kommunalen Gemeinschaftsstel-

le für Verwaltungsvereinfachung (KGSt)[6] unter den Bezeichnungen „Neues Steuerungsmodell" oder „Neue Steuerungsinstrumente" eingeführt worden. Auch die damalige Bundesregierung hat 1998 mit dem Programm „Moderner Staat – Moderne Verwaltung" ein
Reformprogramm aufgelegt, das auf drei Säulen ruht, die dem NPM-Konzept nahe stehen:
Im Rahmen des „Modernen Verwaltungsmanagements" werden Controllingsysteme und
marktähnliche Mechanismen eingeführt, um die Bundesverwaltung effizienter, transparenter und kundenorientierter zu gestalten (BMI 2004a: 4 f.). Neben dieser ersten Säule
wurde im Jahr 2003 die Initiative „Bürokratieabbau" gegründet, die überflüssige Vorschriften und Auflagen aufdecken sollte (BMI 2004a: 7). Die dritte Säule der Verwaltungsmodernisierung des Bundes konzentriert sich auf eGovernment, dass im weiteren Teil dieses
Buches ausführlicher diskutiert wird.

Seit den achtziger Jahren kam es darüber hinaus zu einer Reihe sehr heterogener Reform-
ansätze auf Ebene der Länder und Kommunen. Deren Schwerpunkt lag dabei auf einer
Binnenmodernisierung der Verwaltung, also einer Neuordnung der Organisation, der
Verwaltungsprozesse und des Personalmanagements durch verschiedene NPM-Ansätze
(Budäus & Grüning 1998: 8; Reichard 1998: 53). Im Vergleich zu Großbritannien und den
USA gibt es in Deutschland jedoch keine die Gebietskörperschaften übergreifenden und
aufeinander abgestimmten Reformprogramme wie etwa die Next Steps-Initiative der
Thatcher-Regierung in Großbritannien. Insgesamt sind die Reformen der Verwaltung in
Deutschland bisher weniger umfangreich als in den USA oder in Großbritannien.

In diesem Abschnitt wurde die Debatte um NPM dargestellt und auf die damit verbundenen potenziellen Gefahren eingegangen. In den folgenden Teilen dieses Buchs werden die
Erfahrungen von Mitarbeitern der öffentlichen Verwaltung mit Verwaltungsreformen
sowie deren Wahrnehmung von Chancen und Herausforderungen wiedergegeben und
interpretiert. Dabei wird u.a. die Frage im Vordergrund stehen, inwieweit Unternehmensberater zu einer Ver- oder Entschärfung des Problems beitragen, wenn sie im Prozess der
Reformen zum Einsatz kommen.

---

[6]   Die KGSt ist ein vom Staat unabhängiger Verband der Städte, Gemeinden und Kreise. Er wurde
      1949 gegründet und befasst sich insbesondere mit der Führung, Steuerung und Organisation der
      Kommunalverwaltung (KGSt 2009).

3 Das Wachstum von Public Sector Consulting

Von Beratern angewandte Methoden und Lösungen könnten im Prinzip auch organisationsintern entwickelt und angewendet werden. Das folgende Kapitel beschäftigt sich mit der Frage, wieso und wann Organisationen die Beauftragung von externen Unternehmensberatern gegenüber einer internen Lösung favorisieren. Neben dem ökonomischen Ansatz (Transaktionskostentheorie) wird auf Basis einer soziologischen Theorie (Neoinstitutionalismus) auch diskutiert, inwiefern die Beauftragung von Beratern einem Rationalitätsmythos entspricht oder eine Imitation von Praktiken anderer Organisationen bedeutet.

3.1 „Make or Buy?": Beratung im öffentlichen Dienst aus Effizienz-Sicht

Zur Beantwortung der Frage, ob die Einholung von Beratern oder eine Lösung „mit Bordmitteln" aus Kundensicht effizienter ist, trägt die Transaktionskostentheorie (Coase 1937; Williamson 1985) bei. Grundlage der Transaktionskostentheorie ist die Annahme, dass sich alle Kosten einer Organisation in Produktions- und Transaktionskosten aufteilen lassen. Produktionskosten entstehen bei der Erstellung einer auszutauschenden Leistung; Transaktionskosten bei der Organisation des Austauschs. Als Effizienzkriterium bei der Entscheidung über externe oder interne Leistungserstellung gilt es für eine Organisation, die Summe aus Transaktions- und Produktionskosten zu minimieren. Im Falle von Umstrukturierungen bestehen die Möglichkeiten, eine bestimmte Analyse oder Umstrukturierungsleistung extern von einem Beratungsunternehmen zu beziehen oder intern selbst zu erstellen bzw. von einer internen Beratungs-, Stabs- oder Fachabteilung zu beziehen (vgl. Kehrer & Schade 1995: 467). Um zu einer ökonomisch sinnvollen Entscheidung zu kommen, müssten Entscheidungsträger die internen und externen Alternativen hinsichtlich ihrer vollständigen Produktions- und Transaktionskosten bewerten.

Canback (1998; 1999) argumentiert, dass der Einsatz externer Berater umso effizienter ist, je höher die internen Koordinierungskosten und je höher die Spezialisierung der eigenen Mitarbeiter einer Organisation sind. Die internen Koordinierungskosten steigen heute tendenziell durch eine größere Komplexität der Organisationen an. Führungskräfte müssen sich heute zunehmend mit abstrakten Aufgaben beschäftigen, die Transaktions- statt Produktionskosten verursachen (vgl. Canback 1999: 5). Berater konzentrieren sich im Prinzip auf solche Aufgaben, die hohe Koordinierungskosten verursachen, also üblicherweise auf Aufgaben, die die ganze Organisation betreffen, statt auf spezialisierte Aufgaben innerhalb der Organisation. Aufgrund ihrer geringeren klientenspezifischen Spezialisierung erledigen Berater solche Aufgaben im Prinzip effizienter als interne Mitarbeiter der Klientenorganisationen (vgl. Canback 1999: 11).

Kehrer & Schade (1995) identifizieren für die „Make or Buy"-Entscheidung im Falle der Beratung ebenfalls die Kriterien Komplexität und Kundenspezifität der Aufgaben. Ihre Argumentation ist ähnlich der von Canback. Je größer die Kundenspezifität eines Problems, umso höher sei die Effizienz einer internen Lösung. Man muss davon ausgehen, so Kehrer & Schade (1995: 471), „dass Problemstellungen, die besonders klientspezifisch sind, auch klientspezifische Informationen erfordern. Daher besitzen interne Mitarbeiter, die die Verhältnisse im Klientenunternehmen gut kennen, hier eine höhere Informationskompatibilität als externe Berater. Umgekehrt erfordern Probleme, die weniger klientspezifisch sind, tendenziell eine größere Menge an Informationen, die außerhalb der Unternehmung beschafft werden können (oder sogar müssen). Hier besitzt der externe Berater Spezialisierungsvorteile gegenüber internen Mitarbeitern [...]."

Die Komplexität eines Problems hingegen – gemeint ist hier die Koordination zahlreicher Bereiche der Klientenorganisation – erhöhe die Wahrscheinlichkeit, dass eine externe Lösung, und damit der Einsatz von Beratern, gegenüber der internen Lösung effizient sei:

> „Problemstellungen, die besonders komplex sind, deren Schwierigkeitsgrad, d. h. Anzahl und Interdependenzen zu berücksichtigender Einflussgrößen, also merklich höher als der von Aufgaben des Alltagsgeschäfts ist, lassen sich eher extern lösen. Das liegt daran, dass Unternehmensberater häufiger mit derart komplexen Problemen konfrontiert werden und somit für derartige Aufgaben oft eine bessere Kalkülkompatibilität aufweisen." (Kehrer & Schade 1995: 471)

Zusätzlich kann die Kapazität einer Organisation zumindest kurzfristig ein Kriterium bei der „Make or Buy"-Entscheidung sein. Stehen nicht genügend interne Ressourcen zur Verfügung, wird kurzfristig der Zukauf externer Kapazitäten – in diesem Fall Berater – notwendig. Langfristig spielt dagegen die Häufigkeit der Transaktionen eine Rolle. Kehrer und Schade (1995: 472) unterscheiden hier zwischen der Ähnlichkeit der zu erwartenden Aufgaben und der Nachfrageintensität. Bei großer zu erwartender Ähnlichkeit der Aufgaben und hoher Nachfrageintensität der Organisation rechne sich langfristig der Aufbau interner Leistungserstellung.

Die Argumentation im Transaktionskostenansatz stellt also darauf ab, dass Berater sich auf klientenunspezifische Problembereiche spezialisieren und in diesem Bereich – also bei Aufgaben, die pro Klientenorganisation nur einmal oder selten auftauchen, aber organisationsübergreifend regelmäßig wiederkehren – einen Kostenvorteil gegenüber organisationsinternen Lösungen aufweisen. Dieser Kostenvorteil entsteht aus einem Wissens- und Informationsvorsprung der Berater bezüglich organisationsübergreifend einsetzbarer Methoden bzw. einem Wissen, wie Informationen zu beschaffen sind. Unternehmensberater haben in diesen Bereichen geringere Informationskosten als Klientenorganisationen.

> „Sie [die Berater, d.Verf.] kennen Instrumente, mit denen man [...] Probleme strukturieren kann. Sie haben die Möglichkeit, auf interne Kapazitäten des Beratungsunternehmens zurückzugreifen. Sie können andere Berater hinzuziehen, sie können in ihren Akten nach ähnlich gelagerten Fällen in anderen Branchen suchen." (Kehrer & Schade 1995: 471)

Werr et al. (1997) zeigen in einer Studie des schwedischen Beratungsmarkts, dass Berater bei ihrer Arbeit Methoden anwenden, um Probleme zu strukturieren und zu analysieren. Sie unterscheiden zwischen den oft synonym verwandten Begriffen „approach", „method" und „tool". Während „approach" die dem Organisationswandel zu Grunde liegenden Werte beschreibt, ist die „method" der oft in einzelne Arbeitsschritte unterteilte Ansatz, wie der tatsächliche Wandel zu erreichen ist. „Tools" hingegen sind entsprechend eingesetzte Hilfsmittel wie Verfahren der Datensammlung oder -auswertung. Methoden erlaubten es den Beratern, Erfahrungen und Informationen effizienter zu sammeln und zu verarbeiten, als es Klienten selbst tun könnten. Sie seien oft komplex und werden von Beratern in möglichst vielen Klientenorganisationen angewendet (Werr et al. 1997: 297). Weiterhin sei der Einsatz dieser Methoden bei hohen Koordinierungskosten sowie bei niedriger Nachfrageintensität, also bei singulären und komplexen Problemstellungen der Klientenorganisationen, effizient. Die Beobachtungen von Werr et al. (1997) unterstützen die geschilderten ökonomischen Überlegungen für die Nachfrage nach Beratungsleistungen.

Wir fassen zusammen: Aus Sicht der Transaktionskostentheorie ist der Einsatz von Beratern immer dann effizienter als eine kundeninterne Leistungserstellung, wenn die Aufgabe eine geringe Klientenspezifität aufweist, also über mehrere Kundenfirmen hinweg immer wieder vorkommt; wenn die Aufgabe starke kundeninterne Koordination über mehrere Abteilungen und Bereiche hinweg erfordern würde; und wenn die Aufgabe nicht für dieselbe Kundenfirma immer wiederkehrt, da sich sonst der Aufbau interner Kapazitäten des Kunden lohnen würde. Gemäß der Transaktionkostentheorie wäre demnach für die einzelnen Aufgaben im Rahmen der Einführung von NPM zu prüfen, ob diese Bedingungen erfüllt sind oder nicht, um eine ökonomisch gut informierte Entscheidung über den Einsatz von Beratern oder eine eigene Leistungserstellung treffen zu können.

3.2   Beratung als Symbol für Modernität, Effizienz und Objektivität

Während in der klassischen Managementlehre davon ausgegangen wird, dass der Erfolg von Organisationen vor allem von einer effizienten Steuerung und Koordination der Arbeitsaktivitäten abhängt, stellt die Theorie des „soziologischen Neoinstitutionalismus" diese Idee gewissermaßen auf den Kopf: Die Struktur eines Unternehmens spiegele vielmehr die Vorstellungen und Erwartungen der Umwelt wider anstatt einer ökonomisch rationalen Struktur (siehe vor allem Walgenbachs [2001] Einführung in den soziologischen Neoinstitutionalismus). Organisationen übernehmen demnach Praktiken und Prozesse, die von der herrschenden Meinung als rational und effektiv angesehen werden, und zwar ungeachtet des tatsächlichen Nutzens einer solchen Struktur im konkreten Fall (Meyer & Rowan 1977: 340).

Warum sollte sich ein Unternehmen aber mit seiner Struktur so stark an Erwartungen der Umwelt orientieren? Die Institutionalisten beantworten diese Frage mit der Legitimität, der Anerkennung, die jede Organisation erreichen muss, um ihr Überleben und den weiteren Ressourcenzufluss zu sichern:

> „Failure to incorporate the proper elements of structure is negligent and irrational, the continued flow of support is threatened and internal dissidents strengthened. At the same time, these myths present organizations with great opportunities for expansion. Affixing the right labels to activities can change them into valuable services and mobilize the commitments of internal participants and external constituents." (Meyer & Rowan 1977: 350)

Das Streben von Organisationen nach gesellschaftlicher Anerkennung führe zu einer Angleichung der beobachteten formellen Strukturen: Diese Entwicklung bezeichnen die Neoinstitutionalisten als „Isomorphismus", also Gleichförmigkeit der Organisationen (DiMaggio & Powell 1983). Die Autoren sehen dabei drei Mechanismen, die zu Isomorphismus führen: Zwang (z. B. durch Gesetzgebung), Imitation anderer Organisationen sowie normativen Druck im Sinne stark positiver Werthaltungen für bestimmte Lösungen.

Beim Isomorphismus „durch Zwang" wird eine Organisation von einer anderen, ressourcenzuteilenden Organisation gezwungen, gewisse Standards einzuhalten (etwa ein Unternehmen, das einen Umweltbeauftragten einstellt, um der Umweltgesetzgebung nachzukommen). Mimetische Prozesse treten vor allem in unsicheren Umwelten auf, in denen die Ursachen eines Problems unklar und die Lösungsmöglichkeiten unbekannt sind. In diesem Fall neigen Organisationen dazu, in ihrem Verhalten anderen Organisationen zu folgen (DiMaggio & Powell 1983: 151 f.). Normativer Druck kommt in einer Organisation beispielsweise dann auf, wenn sie hauptsächlich Mitglieder mit einem sehr ähnlichen beruflichen Hintergrund rekrutiert: Eine Verwaltung, die größtenteils Juristen und damit Personen mit einer ähnlichen „kognitiven Struktur" beschäftigt, wird dies in ihrer Struktur und Problemlösungsmethodik widerspiegeln.

Als Beispiel für mimetische Prozesse sei hier die Existenz von volkswirtschaftlichen Stabsabteilungen genannt, die heutzutage in nahezu jedem internationalen Konzern anzutreffen sind, selbst wenn deren direkter Beitrag zur Gewinnsituation eines Unternehmens wohl nie nachgewiesen werden kann (und, wie Meyer & Rowan 1977 süffisant anmerken, die produzierten Berichte und Memos womöglich nie ein Linienmanager liest oder versteht). Das Vorhandensein der volkswirtschaftlichen Abteilung verschafft der Unternehmung die Anerkennung, dass sie „modern" und „gut organisiert" ist und Entscheidungen auf rationaler Grundlage gefällt werden – denn schließlich „muss" ein großer Konzern ja über eine solche Abteilung verfügen. Besonders beim Scheitern eines Projekts kann der Verweis, gemäß gültiger Normen gehandelt zu haben, den Verantwortlichen retten.

Wie kommt es nun, dass die Grundidee des NPM eine Übertragung von Managementkonzepten auf die Verwaltung vorsieht und wieso wird ein guter Teil der Umsetzungsarbeit Unternehmensberatern übertragen? Für die USA vertreten DiMaggio und Powell (1983) die These, dass es sich bei den Verwaltungsreformen, die im öffentlichen Dienst immer wieder angestoßen werden, um ein besonders gutes Beispiel für Isomorphismus handele:

> „The history of management reform in American government agencies, which are noted for their goal ambiguity, is almost a textbook case of isomorphic modelling from the PPPB of the McNamara era to the zero-based budgeting of the Carter administration." (DiMaggio & Powell 1983: 152)

Erstaunlich ist, dass es zu solchen Isomorphie-Entwicklungen kommt, obwohl öffentliche Verwaltung und Unternehmen sich nicht im gleichen Umfeld bewegen: Die Verwaltung befindet sich vor allem in stark regulierten Umwelten des Verhältnisses zwischen Staat und Bürger und erbringt öffentliche Güter, deren Nutzen häufig nicht direkt finanziell quantifizierbar ist (etwa eine niedrige Kriminalitätsrate), während Unternehmen in der Privatwirtschaft und damit in einer weniger regulierten Umwelt agieren und dem kritischen Korrektiv des Wettbewerbs unterliegen. Bisher waren diese Umwelten weitgehend voneinander entkoppelt, gegenseitiges Lernen eher die Ausnahme. Zudem ist es für das Überleben einer Organisation gefährlich, sich an der „falschen", das heißt für den Ressourcenzufluss gar nicht zuständigen Umwelt zu orientieren: Die Verwaltung erhält ihre Mittel vom Steuerzahler, von der Wirtschaft also nur über den Umweg der Unternehmensbesteuerung.

Zur Auflösung dieses Widerspruchs lassen sich unterschiedliche Erklärungsansätze heranziehen: Für die steigende Bedeutung marktwirtschaftlicher Ideen spricht der bis zur Finanzkrise 2008/2009 vorherrschende Anti-Staat-Konsens, der libertäre Ideen betont und nach einem Zurückdrängen des Einflusses des Staates ruft. Konfrontiert mit einer solchen gesellschaftlichen Grundströmung, die allem Staatlichen zunächst kritisch gegenübersteht, könnte NPM als eine „natürliche" Reaktion der Bürokratie zur Erhaltung der eigenen sozialen Anerkennung verstanden werden. Mit NPM kann die Verwaltung demonstrieren, dass man „wie die Wirtschaft" effiziente Praktiken sucht und übernimmt. Der Einsatz von Unternehmensberatern signalisiert nach außen hin sichtbar, dass „best practices" in der Organisation zur Anwendung kommen. Unternehmensberater, die halb im Scherz, halb ernst als „Speerspitze des Kapitalismus" oder „Gralshüter des Marktes" bezeichnet werden, dürften in besonderem Maße dazu geeignet sein, die Ernsthaftigkeit dieser Effizienzbemühungen der Bürokratie nach außen hin zu unterstreichen.

Es sei nochmals betont, dass jeder der drei beschriebenen Prozesse in Richtung sozialer Anerkennung und ggf. Gleichförmigkeit unabhängig vom Nachweis der tatsächlichen Effektivität der übernommenen Strukturen erfolgen kann (DiMaggio & Powell 1983: 153). Diese Entkopplung zwischen Streben nach Anerkennung und real existierenden internen Strukturen kann für eine Organisation zu einer paradoxen Situation führen: Formal können die legitimierenden Strukturen ausgewiesen werden, de facto aber die Aktivitäten sich an technischen Notwendigkeiten orientieren. Die pragmatische Reaktion auf Probleme wird vom nach außen aufrechtzuhaltenden Schein entkoppelt. Auch im Zusammenhang von Verwaltungsreformen kann man einen solchen Entkopplungseffekt vermuten, zumindest wenn man mit March und Olsen (1995: 195) übereinstimmt, dass die Wirkung von Verwaltungsreformen empirisch nicht nachweisbar ist:

> "[M]ost democracies undertake comprehensive reforms of administration from time to time. They create special commissions or parliamentary initiatives to overhaul the administrative machinery of government. Those efforts regularly have their beginnings hailed, their aspirations praised, and their recommendations ignored (March and Olsen, 1983). [...] A study of comprehensive reform in eight countries [...] observed that administrative reforms, as a rule, seemed to result in neither improved administrative per-

formance nor improved economic performance, nor did they lead to increased adaptability."

March und Olsen (1995: 196) sehen nur eine „lose Kopplung" zwischen Reformvorhaben (also dem Reden über Reformen) und deren Implementierung; Reformen heizten eher die Nachfrage nach neuen Reformen an, anstatt das diagnostizierte Problem zu lösen. Auch Pollitt (1995: 231) kam bereits Mitte der 1990er Jahre zu dem Schluss, dass der empirische Nachweis des Erfolgs von Reformen nur sehr schwer erbracht werden kann; er spricht stattdessen von einer Wahrnehmung mit hohem „faith-to-fact-ratio". Allein das Entfalten von Reformaktivitäten, so Pollitt & Bouckaert (2000: 36), sei jedoch mit positiven Effekten für viele Beteiligte verbunden, und zwar unabhängig von positiven Langzeitwirkungen: Politiker, die ihren Reformeifer unter Beweis stellen können, Berater, die Manntage in Rechnung stellen können, und Akademiker, die zu einem weiteren Thema publizieren können.

Eine umfangreiche, länderübergreifende Studie von Saint-Martin (2000) liefert einen Hinweis, wie die Übertragung institutionalisierter Elemente vom privaten auf den öffentlichen Sektor mittels Unternehmensberatern und der entstehende Isomorphismus vorstellbar sind. Saint-Martin untersucht die Verbreitung von New Public Management in Kanada, Großbritannien und Frankreich und die Rolle von Unternehmensberatungen hierbei. Er beobachtet auffällige Unterschiede in der Geschwindigkeit und im Umfang, mit dem Reformen in der Verwaltung in den einzelnen Staaten umgesetzt wurden. Saint-Martin sieht Berater nicht als direkte Urheber von Reformbestrebungen, da ihnen hierzu die Machtmittel fehlten. Der Zusammenhang ist stattdessen indirekter Natur: Die Verbreitung von „managerialist ideas" in der öffentlichen Verwaltung ist immer dann besonders erfolgreich, wenn die Beratungsdienstleistungen bereits intensiv von der Privatwirtschaft in Anspruch genommen werden und somit über die entsprechende Reputation und Legitimation verfügen:

> „One major conclusion of this book is that the possibilities for consultants to provide advice that can appeal to public officials and enhance the state capacity to pursue managerialist policies depend on how much their services are used by businesses, which in turn are closely linked to historic patterns of industrial and corporate development." (Saint-Martin 2000: 3)

So betont Saint-Martin die Wichtigkeit langjähriger Kundenbeziehungen und das daraus entstandene Vertrauen, das es den Big Five-Accounting Firms vereinfache, ihren Ruf zunehmend auch auf andere Beratungsdienstleistungen zu übertragen. Das solide, zuverlässige Image der Wirtschaftsprüfer war ein Wettbewerbsvorteil beim Verkauf von Beratungsleistungen im öffentlichen Sektor, bei denen stets ein hohes Risiko bezüglich der zu erwartenden Qualität besteht. Dieser wichtige Aspekt von Reputation von Beratungsunternehmen wird in den unten beschriebenen Gesprächen mit Beratern und Führungskräften der Wirtschaft aufgenommen. Mit Saint-Martin kann man derzeit einen ähnlichen Übertragungsmechanismus vermuten, bei dem Berater von ihrer herausgehobenen Stellung in der Privatwirtschaft profitieren und dadurch die Penetration des neuen Marktsegments der staatlichen Bürokratie leichter fällt. Darüber hinaus besteht eine Objektivierungsfunktion, die aus der relativen Unabhängigkeit der Berater resultiert. Rosenblum & McGillis (1979) begründen diese Funktion im öffentlichen Bereich durch die politische Dimension der Verwaltung (die im angloamerikanischen Raum wesentlich stärker ausgeprägt ist als in Deutschland):

> „Government workers are embedded in a political framework since the administrators of the federal agencies are typically political appointees. While many government employees could objectively assess issues in their area of expertise, the appearance of objectivity would still be likely to suffer because of the employees' ultimate supervision by politically appointed staff. [...] Consultants are viewed as disinterested third parties who can weigh the issues in an area on their merits rather than in the light of political considerations." (Rosenblum & McGillis 1979: 221)

Da Berater nicht in die Klientenorganisation integriert sind, können sie im Vergleich zu Mitarbeitern der Klientenorganisation unabhängiger über Strukturen und Prozesse urteilen (vgl. Kubr 1996: 7). Ihr Nutzen begründet sich damit nicht ökonomisch, also duch bestimmtes Methodenwissen, sondern soziologisch, also durch deren Externalität und Zuschreibung von Kompetenz. Im eigenen Lande zählt der Prophet wenig, erst als Externer entfaltet er Wirkung.

Der hier dargestellte neoinstitutionalistische Ansatz hat die Stärke, oft als gegeben wahrgenommene Zusammenhänge und allzu rationalistische Argumenten zu hinterfragen – etwa die Annahme, dass Verwaltungsreformen nach dem Vorbild der Wirtschaft zur Effizienzsteigerung führen „müssen". Er liegt auch der Argumentation des folgenden Abschnitts zugrunde.

3.3 Beratung als Transfer oder Imitation populärer Managementkonzepte

Wie oben beschrieben thematisiert der soziologische Neoinstitutionalismus auch, dass Organisationen die Strukturen und Praktiken anderer Organisationen imitieren. In einem Umfeld, in dem die Wirkung von Managementkonzepten und Organisationsstrukturen schwer oder gar nicht messbar ist, kann es zum Halten oder zur Steigerung von Anerkennung sinnvoll sein, solche Strukturen oder Konzepte umzusetzen, die andere bereits umgesetzt haben oder dabei sind, sie umzusetzen. Man ist in gewisser Weise „auf der sicheren Seite": Wenn viele andere Unternehmen ein bestimmtes Projekt durchführen oder Konzept implementieren, kann es nicht so verkehrt sein, es selbst auch zu machen. Aus Sicht eines Entscheidungsträgers ist es leichter, sich für eine Entscheidung zu rechtfertigen, wenn sie einer üblichen Praxis entspricht, als wenn man von der üblichen Praxis abgewichen ist. Aus Sicht des soziologischen Neoinstitutionalismus trägt dies stark zur Isomorphie, also Gleichförmigkeit von Organisationen bei.

Kritische Organisationswissenschaftler haben diesen Mechanismus zum Anlass genommen, von Managementmoden zu sprechen. Zum Beispiel führt Kieser (2003) aus, dass sich um einige Buzzwords wie z. B. Lean Production, Total Quality Management oder Business Reengineering eine solche Publicity und ein Medienrummel entwickelt haben, dass die Konzepte allein aufgrund ihrer Popularität als „gut" gelten und von Unternehmen unhinterfragt übernommen worden seien. Oftmals seien die Inhalte jedoch alter Wein in neuen Schläuchen. Wenn ein Thema häufig in der Wirtschaftspresse diskutiert wird, würde eine regelrechte Mode-Arena entstehen, in der Autoren von Management-Büchern, Unternehmensberater, Manager, Professoren und Herausgeber von Fach- und Wirtschaftszeitschriften kooperative Spiele veranstalteten, um aus Eigeninteresse das Konzept immer populärer zu machen. Kieser (2003: 176 ff.) geht davon aus, dass eine überzeugende Rhetorik der maßgebliche Erfolgsfaktor für eine Mode ist. Sie zeichne sich aus durch:

- ■ ein aufmerksamkeitserregendes Wort (Buzzword), typischerweise ein eingängiger Neologismus/Anglizismus.

- ■ Exemplifizierung, Personifizierung und Dramatisierung, d. h. Beispiele werden stilisiert und anerkannten Managern (z. B. CEO Jack Welch) und Unternehmen (z. B. General Electric) zugeschrieben.

- ■ eine Balance von Einfachheit und Vagheit des Konzepts. Diese Balance wird erreicht durch Metaphern, Mystifizierung sowie eine geschickte (Neu-)Kombination bekannter und neuer Elemente.

Darüber hinaus erhöhe ein Konzept seine Chancen, zu einer Mode zu werden, wenn es in den Zeitgeist, also den dominierenden Management- oder gesellschaftlichen Diskurs passe (Kieser 2003: 180). Das einsetzende Herdenverhalten unter Managern sorge für eine immer raschere Ausbreitung des Konzepts.

Legge (2002: 78 f.) erweitert diese Argumentation mit dem Bild eines Netzwerks, in dem unterschiedliche Akteure („heterogeneous entities", z. B. Manager, Berater, Autoren etc.) eine dominierende Stellung anstrebten, um das Netzwerk weiterzuentwickeln und darin eine dominierende Stellung einzunehmen. Von großer Bedeutung sei dabei die Kontrolle über die Problemdefinition bzw. Erlangung der Deutungshoheit. Wer diese besitze, mache sich für die anderen Handelnden des Netzwerks unverzichtbar und werde zum „obligatory point of passage" (Legge 2002: 78). Für eine Unternehmensberatung heiße dies, dass sie in potenziellen Klienten das Gefühl wecken muss, die Beratung kenne das Problem und vor allem dessen Lösung aufgrund akkumulierten Expertenwissens. Dazu, so Legge, würden sich Berater einer ausgefeilten Rhetorik, Symbolik und Metaphorik bedienen:

> „So how do consultants develop a strong rhetoric or ‚good story'? [...]his involves developing a package that is self-fortifying and well positioned, i.e. a product that not only clearly identifies its potential clients but which anticipates and answers their potential objections to the claims made in an ongoing fashion. This involves such techniques as linking claims to statements the client already believes in (or is unlikely to dispute); ‚stacking', that is arranging statements hierarchically so that each statement adds some-

> thing to and builds on the former; ‚captation', that is, controlling the client in such a way that she draws the conclusions that the scientist (or consultant) wishes to be drawn." (Legge 2002: 77)

Auch der Bestseller „Reinventing Government: How the Entrepreneurial Spirit is Transforming the Public Sector" von Osborne & Gaebler wird von kritischen Organisationswissenschaftlern als Versuch gesehen, eine Management-Mode zu kreieren, in diesem Fall jedoch für den öffentlichen Sektor und nicht für die Privatwirtschaft. Die Verkaufszahlen sprechen zumindest für die Popularität der Ideen von Osborne & Gaebler. Das Buch wurde 1992 in den USA veröffentlicht und seither hunderttausendfach verkauft. Budäus und Grüning (1998: 6) dokumentieren die Folgen der Veröffentlichung wie folgt:

> „Osborne und Gaebler fassten die Entwicklung in den USA in ihrem einfach, optimistisch und unterhaltsam geschriebenen Buch »Reinventing Government« in 10 Grundprinzipien zusammen und schafften es, in den USA eine breite öffentliche Diskussion um die Reform der Verwaltung zu entfachen. Das Ergebnis war eine breite »Reinventing«-Diskussion, die sich vor allem um die von Ronald Reagan und seinem Nachfolger George Bush kaum reformierte Bundesverwaltung drehte. Zwei wichtige Persönlichkeiten, die Osborne und Gaebler mit ihrem Buch überzeugten, waren der neue amerikanische Präsident Bill Clinton und sein Vize-Präsident Al Gore. Beide entschlossen sich, »Reinventing Government« zur Grundlage der Reform der amerikanischen Bundesverwaltung zu machen. Al Gore wurde verantwortlich für diese Aufgabe. Das erste Ergebnis seiner Tätigkeit war der »National Performance Review«, der die Grundlage der Reformen der amerikanischen Bundesverwaltung bildet." (vgl. auch Gore 1994)

Bill Clinton, damals noch Gouverneur des US-Bundesstaats Arkansas, kommentierte das Buch mit den Worten: „[S]hould be read by every elected official in America. This book gives us the blueprint" (im Klappentext zu Osborne & Gaebler 1993). Das Buch fordert einen radikalen Bruch mit dem bisher Dagewesenen, da sich die Welt in einem rasanten Wandel befinde: „The millenium approaches, and change is all around us. [...] The emergence of a postindustrial, knowledge-based, global economy has undermined old realities throughout the world, creating wonderful opportunities and frightening problems" (Osborne & Gaebler 1993: S. xv f.). Und weiter: „We live in an era of breathtaking change. [...] In this environment bureaucratic institutions [...] – public *and* private – increasingly fail us. Today's environment demands institutions that are extremely flexible and adaptable. It demands institutions that deliver high-quality goods and services, squeezing ever-more bang out of every buck." (Osborne & Gaebler 1993: 15, Hervorhebung im Original)

Als den zentralen, bisher vernachlässigten Erfolgsfaktor für eine bessere Verwaltung sehen die Autoren „Unternehmergeist" („entrepreneurial spirit", vgl. Buchtitel), welcher seinen Weg in die Amtsstuben finden müsse. Unternehmergeist wird in zehn Adjektiven zusammengefasst, welche das Handeln der Exekutive auszeichnen sollten: „catalytic, community-owned, competitive, mission-driven, results-oriented, customer-driven, enterprising, anticipatory, decentralized" sowie „market-oriented". Jedem dieser Prinzipien wird ein eigenes Buchkapitel gewidmet, in dem zahlreiche Praxisbeispiele angeführt werden, wie

das Prinzip jeweils in die Tat umzusetzen sei.[7] Im Kapitel „Anticipatory Government –
Prevention Rather Than Cure" (Osborne & Gaebler 1993: 219 ff.) wird beispielsweise dar-
gestellt, wie enorme Geldsummen gespart werden könnten, wenn Steuergelder für die
Brandprävention anstatt für die Brandbekämpfung ausgegeben würden.

Die „Entdeckungsreise" zu neuen Formen der öffentlichen Verwaltungsführung wird
metaphorisch mit der Entdeckung Amerikas durch Kolumbus verglichen (Osborne &
Gaebler 1993: xvi f.). Die Sprache des Vorworts weist ein religiöses Pathos auf, wenn die
Phrase „we believe in" gleich fünfmal wiederholt und damit eine Art Glaubensbekenntnis
abgelegt wird (Osborne & Gaebler 1993: xviii f.).[8] Es wird versichert, dass sich das Buch
keinesfalls gegen die Mitarbeiter in der öffentlichen Verwaltung richte, sondern gegen das
„System" dem diese arbeiten. Für ein Buch, das vor allem von höheren Beamten gekauft
werden soll, ist das sicherlich wichtig, da sich die Kritik damit nicht an sie als Personen
richtet. Einwände potenzieller Leser werden antizipiert und nach Möglichkeit entkräftet:
„Some readers may at first find our findings hard to swallow. But we urge you to suspend
judgment and continue reading, until you too have had a chance to see the vast sweep of
change coursing through American government" (Osborne & Gaebler 1993: xxii).

Auch räumen die Autoren ein, dass nicht alle Leistungen privat erbracht werden können,
sondern dass es immer genuin staatliche Aufgaben geben wird (Osborne & Gaebler 1993:
45 ff.) – obgleich dieser Aspekt auf wenigen Seiten abgehandelt wird und im Rest des
Buchs nicht wieder aufgenommen wird. Die Autoren präsentieren sich unparteiisch und
geben zu verstehen, dass die „Neuerfindung" sich jenseits von Parteiprogrammen abspie-
le.[9] Es werden bekannte Persönlichkeiten wie der französische Nationalökonom Say, der
„Management-Weise" („management sage", Osborne & Gaebler 1993: S. xx) Peter Drucker
sowie der Schriftsteller Marcel Proust zitiert, um dem Geschriebenen Glaubwürdigkeit zu
verleihen.

Als Beispiel greifen Osborne und Gaebler immer wieder auf die amerikanische Kleinstadt
Visalia in Kalifornien (75.000 Einwohner) zurück. Gaebler war dort als „city manager"
beschäftigt und verantwortlich für die Einführung eines neuen Budgetierungssystems.
Wiedergegebene Erfolgsgeschichten reichen von der unbürokratischen Anschaffung eines
Schwimmbads, über die Genehmigung und den Bau von Sozialwohnungen in nur fünf-
zehn Monaten, bis zum unternehmerisch denkenden Straßenfeger (Osborne & Gaebler
1993: 2 ff.), der seinen Arbeitsrhythmus dem Verschmutzungsgrad der Straßen anpasst. Im
amerikanischen Verteidigungsministerium, „America's archetypical bureaucracy" (Osborne & Gaebler 1993: 8), sei es unternehmerisch denkenden Verwaltungsmitarbeitern gelun-

---

[7]   Lediglich im zweiten Kapitel finden sich Referenzen zu Fallstudien und Interviews. Osborne und
      Gaebler behaupten, dass sie im Rahmen der Vorarbeiten zu ihrem Buch Tausende von Interviews
      geführt hätten (S. xv).

[8]   Wenig später heißt es: „It is our prayer that you will then join […] " (S. xxii).

[9]   „Fourth, we believe that neither traditional liberalism nor traditional conservatism has much
      relevance to the problems our governments face today" (S. xviii).

gen, Bauanleitungen für Militäreinrichtungen von 400 auf vier Seiten Umfang zu reduzieren, Unterbringungsrichtlinien von 800 auf 40 Seiten (Osborne & Gaebler 1993: 10). In einem späteren Buch versprechen Osborne und Plastrik (1997: 18) weitere Quantensprünge:

> „If you want to help your city to save $100 million, as Indianapolis has; if you want to double the effectiveness of your organization, as the Tactical Air Command did; if you want to double the productivity of your services, as the Phoenix Department of Public Works did, if you need to do more with half the staff, as New Zealand's state-owned enterprises did; or if you want your public systems and organizations to embrace continual improvement and innovation – we hope this book will help you find the way."

Sogar die amerikanische Niederlage im Vietnam-Krieg wird einer bürokratischen, hierarchischen Befehlsstruktur zugeschrieben (S. 255). Die Sprache bedient sich zahlreicher Bilder: So werden Bürokratien als Luxusdampfer beschrieben im Vergleich zu Überschalljets: „big, cumbersome, expensive, and extremely difficult to turn around" (S. 12). Ein anderes Bild setzt Regierungen gleich mit „fat people who must lose weight. They need to eat less and exercise more; instead, when money is tight, they cut off a few fingers and toes" (S. 23).

Osborne & Gaebler haben sich also alle Mühe gegeben, allein durch die verwendete Sprache Aufmerksamkeit zu erregen. Gemäß Kieser und Legge ist dies ein klassisches Zeichen für das Bemühen, eine Managementmode zu etablieren. Ob die Ideen des NPM aber so neu sind wie die Autoren behaupten, kann bezweifelt werden, wenn man sich mit etwas älterer Literatur über Verwaltungsreformen beschäftigt. Das bereits zitierte Buch von Mayntz (1997) erschien 1978 in seiner ersten Auflage und wurde seitdem kaum aktualisiert (vgl. Mayntz 1997: V). Gleichwohl findet sich dort ein Überblick über die damaligen Reformbestrebungen in der öffentlichen Verwaltung in Deutschland, welche den NPM-Prinzipien verblüffend ähneln (Mayntz 1997: 133 ff.): Budgetierung, „Schaffung verselbständigter Betriebseinheiten", verstärkte Gebührenfinanzierung, Aufgabenübertragung auf private Anbieter etc.

Pollitt und Bouckaert (2000: 150) merken zur „Alles ist neu"-Rhetorik bissig an, dass man dies in der Medizin unter Amnesie führe. Sie hegen auch den Verdacht, dass beim Anpreisen von Total Quality Management (TQM) an die öffentliche Verwaltung Unternehmensberater eine aktive Rolle spielen (Pollitt & Bouckaert 1995: 5, Hervorhebung im Original):

> „One can also note, with a grain of scepticism, that the 'selling' of TQM seems to involve the profitable penetration of private sector consultants into the public sector. [...T]his new managerial religion has its own nexus of commercial and political advantage. [...] ‚How do we create public organizations which are performing well, and which are both effective and accountable to the public, resulting in increased legitimacy for the public sector in particular and for the state and society in general?' These are not questions for the answers to which one would naturally or necessarily turn first to a for-profit management consultancy."

Budäus (1998: 2) ist jedoch der Ansicht, dass diese frühen Reformansätze in Deutschland keine *strukturelle* Änderung des Verwaltungsmodells zum Ziel gehabt hätten und NPM insofern tatsächlich neu sei – die Definition von „Struktur" bleibt er jedoch schuldig.

Wie also könnte die Beeinflussung von Entscheidungsträgern der öffentlichen Verwaltung durch Unternehmensberater in der Praxis aussehen? Viele der großen Unternehmensberatungen verfügen mittlerweile über eigene Abteilungen für die Kunden aus der öffentlichen Verwaltung (z. B. McKinsey „Public Sector Practice"; Roland Berger „Public Sector Competence Center"). Diese fertigten schon zur Jahrtausendwende Studien zum Thema „Managementkonzepte in der öffentlichen Verwaltung" an, Accenture z. B. mit dem Titel „Rhetoric vs. Reality – Closing the Gap" (eine komparative Studie über den Stand von eGovernment-Initiativen in 22 Ländern weltweit; o.V. 2001), die PricewaterhouseCoopers-„Kommunalstudie 2002" mit dem Titel „Deutschlands Städte auf dem Weg zum modernen Dienstleister" (PwC 2002), „Auf dem Weg zum schlanken Staat – wie die Kommunen ihre finanziellen Handlungsspielräume sichern wollen" (2000, PwC), die Studie „Die Zukunft heißt E-Government" (1997, PwC). Die von Roland Berger Strategy Consultants veröffentlichte Studie „Kommunale Gestaltungsfähigkeit nachhaltig sichern" verspricht mit dem „Masterplan-Ansatz" eine „wirksame Methode für eine zur Sanierung kommunaler Haushalte" (Berger 2005: 3). Da diese Veröffentlichungen als Marketing-Instrumente eingesetzt werden, findet sich dabei etwa folgendes Argument für den Einsatz von Beratern unter der Überschrift „Externe Berater für die Überzeugungsarbeit nutzen":

> „Roland Berger trägt dazu bei, bestehende Schonbereiche (z. B. den Sozial- oder Kulturbereich) von den geplanten "Vorwärtsstrategien" zu überzeugen und in den Prozess einzubeziehen ("Eisbrecherfunktion"). Wir lösen den Anspruch – Einsparungen ohne gravierende Leistungseinbußen – glaubwürdig und mit dem notwendigen politischen Fingerspitzengefühl ein." (Berger 2005: 15)

Mit ähnlichen Argumenten preist auch die Wirtschaftsprüfung und Unternehmensberatung Pricewaterhouse Coopers (PwC) ihre Dienstleistungen an:

> „Hier kann neutraler Sachverstand durch die Einschaltung externer Gutachter zu einer Verbesserung der Zusammenarbeit beitragen. Im Rahmen der Einführung von NSM in der kommunalen Verwaltung ist es sehr wichtig, dass nicht nur die Einführung gutachtlich vorgeschlagen wird, sondern externer Sachverstand auch im Rahmen der Umsetzung der Modelle immer wieder nachgefragt wird. Dies gilt bis hin zu einer Überprüfung des eingeführten Steuerungsmodells durch eine Erfolgskontrolle (Monitoring). Die Einbeziehung eines neutralen Dritten kann zur Akzeptanzsteigerung bei Rat [gemeint ist der gewählte Stadtrat, Anm. d. Verf.] und Verwaltung allgemein und im Hinblick auf die Rollenverteilung im Besonderen beitragen." (PwC 2002: 16)

Einige wenige Top-Beratungen verfügen über sehr gute Beziehungen zu Politikern und bieten ihre Analysen auch zur Entscheidungsvorbereitung politischer Fragen an. So wurde die Hartz-Kommission zur Reform des Arbeitsmarktes mit je einem Partner von Roland Berger und McKinsey besetzt. Bei solch medienwirksamen Projekten ergibt sich eine besondere Signalwirkung für potenzielle Kunden im staatlichen Sektor.

Basierend auf diesen Ausführungen ergibt sich dementsprechend ein dritter Ansatz, um das Wachstum und die Etablierung von Unternehmensberatung im öffentlichen Sektor zu nutzen. Neben dem ökonomischen Argument, dass die Einschaltung von Unternehmensberatern für bestimmte Problemstellungen eine ökonomischere Alternative zur internen Problemlösung ist, sowie dem Argument, dass der Einsatz von Beratern im öffentlichen Sektor dessen Glaubwürdigkeit und Anerkennung in der Öffentlichkeit fördere, kommt nun das kritische Argument hinzu, dass Beratung im öffentlichen Sektor durch Managementmoden getrieben sei, die von Beratern angeheizt werden würden.

3.4   Gestiegene Komplexität und deren Bewältigung: Die Sicht der Beteiligten

Auf die Frage nach den Ursachen für den Einsatz neuer Steuerungsinstrumente in der öffentlichen Verwaltung wurden von allen Gesprächspartnern übereinstimmend „Finanznot", „Sparzwänge" oder „die kritische Haushaltsituation von Bund und Ländern" genannt. Dieser Befund entspricht der Argumentation der NPM-Vertreter, wie sie im 2. Kapitel dargestellt wurde, sowie anderen Studien zu diesem Thema: „As has been glaringly apparent from our analysis, tighter control of public expenditure has figured as one of the most frequent and most powerful motives for public management reform- in every country we have surveyed." (Pollitt & Bouckaert 2000: 159)

Du Gay (2000: 97) weist jedoch darauf hin, dass „‚Fiscal crises' do not of themselves possess an innate logic that calls into being their own remedies. They are discursively constituted and as such are understood and acted upon in relation to specific cultural, normative and technical frameworks […]."Auch Mayntz (1997:55) meint zu der Diskussion des Umfangs staatlicher Aufgaben: „Tatsächlich zeigt jedoch schon die kurze [...] Skizze der historischen Entwicklung ganz klar, dass öffentliche Aufgaben in einem politischen Prozeß bestimmt werden." Finanzprobleme existieren also nicht an sich (denn sie könnten durch eine Steuererhöhung jederzeit behoben werden), sondern ergeben sich erst durch den derzeit herrschenden gesellschaftlichen Diskurs, der einer Ausweitung der staatlichen Aktivität kritisch gegenübersteht.

Die Verwaltungsmitarbeiter fühlen sich jedoch von der Politik unter Druck gesetzt, die gleichen Leistungen mit weniger Ressourcen zu erbringen, und erhoffen sich von den neuen Steuerungsinstrumenten eine Lösung des Problems. In den Gesprächen klingt an, dass die Entscheidungsträger der öffentlichen Verwaltung sich vor Steuerungsprobleme gestellt sehen, denen sie mit den traditionellen Mitteln der kameralistischen Buchführung nicht mehr gewachsen sind. So sagt beispielsweise der Teilbereichsleiter der Stabsstelle für Verwaltungsmodernisierung im Innenministerium eines Bundeslands:

> „Für Externe ist es manchmal unverständlich, wie so ein großer Betrieb wie die Landesverwaltung mit einem so schlichten Mittel [gemeint ist die Kameralistik; d.Verf.] überhaupt zu steuern ist. Und es ist ja nicht zu steuern, das zeigt ja jetzt die Gegenwart, die aktuelle Finanznot."

Hier wird also ein unmittelbarer Zusammenhang gesehen zwischen der aktuellen Finanznot der öffentlichen Haushalte und der Umstellung von kameralistischer auf doppelte Buchführung. Dieser Zusammenhang bestehe aufgrund der gestiegenen Komplexität der Verwaltungsprozesse. Diese zu bewältigen würde ein immer größeres Personalbudget erfordern, was jedoch in der Regel nicht gegeben sei. Um die Komplexität mit den gleichen Personalkapazitäten zu bewältigen, müssten neue Steuerungsinstrumente eingesetzt werden, wobei in vielen Fällen die Veränderung der Buchführung an zentraler Stelle steht.

Auch der Bürgermeister einer mittelgroßen Stadt, die zur Zeit des Gesprächs im Prozess der Verwaltungsmodernisierung war, führt als Grund für die Verwaltungsmodernisierung die Komplexität des Leistungsspektrums der kommunalen Verwaltung an:

> „Ich weiß jetzt nicht genau, wie viele Produkte wir herstellen als Kommune, aber wir hatten mal eine Kalkulation, die lag bei weit über 5000 Produkten, die eine Kommune herstellt, wenn man das auf Produkte runterdefiniert. Das ist beim klassischen Unternehmen lange nicht der Fall. Man hat eigentlich nur eine gewisse Anzahl von Produkten, ob das 20 oder 30 oder 40 sind [...]. Das ist bei einer Kommune wesentlich komplexer."

Die Aussage des Bürgermeisters ist für Laien überraschend: Mit kommunalen Verwaltungen bzw. allgemein dem öffentlichen Sektor verbindet man eher ein sehr begrenztes Leistungsspektrum, eine geringe Anzahl von unterschiedlichen Ablaufprozessen und aufgrund der gesetzlichen Bestimmungen eine geringe Komplexität der Aufgaben. Diese Vermutung ist jedoch oft ein Trugschluss. Der Grund für die gestiegene Komplexität liegt darin, dass im Laufe der Zeit die gesetzlichen Bestimmungen immer weiter verfeinert werden. Mit dem Ziel, möglichst alle auftretenden Fälle und Sonderfälle in einer gesetzlichen Bestimmung zu erfassen, steigt die Anzahl der Regelungen. Wir erinnern uns an die Weberschen Ausführungen zur Bürokratie in Abschnitt 2.1: Eine Regelung zieht oft mehrere weitere Regelungen nach sich, um Fälle zu unterscheiden und Gerechtigkeit zwischen unterschiedlichen Bedingungen herzustellen. Die Bürokratie wird immer bürokratischer, nicht wegen Inkompetenz der Akteure, sondern weil zur Herstellung von Gerechtigkeit ein immer höheres Maß an unterschiedlichen Fällen erfasst werden muss.

Kein Wunder also, dass der öffentliche Dienst verstärkt auf Instrumente setzt, die die Kontrolle und Transparenz der Prozesse in der Verwaltung zu erhöhen versprechen. Auch der Leiter des Baureferats im Finanzministerium eines Bundeslands, ein Ministerialrat, sieht den Kern von Neuen Steuerungsinstrumenten vor allem darin, „Verwaltungsabläufe zu vereinfachen, transparent zu machen". Der Leiter einer Stabsstelle für die Modernisierung der Justizverwaltung in einem Bundesland, ein Oberstaatsanwalt, ist ähnlicher Ansicht: „Der Kern der Konzepte ist: Geldflüsse in öffentlichen Verwaltungen erheblich transparenter darzustellen, als es bisher der Fall ist und somit halt auch einen wesentlich besseren Überblick über das zu gewinnen, was der Staat eigentlich so tut." Insofern ist erklärlich, wieso insbesondere Kosten- und Leistungsrechnung sowie Controlling häufig als eingeführte Elemente genannt werden. Der Oberstaatsanwalt schildert anschaulich die Flut von Problemen, mit denen er sich im beruflichen Alltag auseinandersetzen muss:

„Gucken Sie in dem Gebiet, in dem ich mich hier bewege. Ich habe jetzt Stöße von trockenen Akten, ich habe Mitarbeiter, die sehr an dem Alten haften, ich habe Mitarbeiter, die sehr progressiv sind, und soll jetzt Themen abarbeiten, was weiß ich, wie die Internetdatenbank für Rechtsprechung, gestern kam einer mit „Voice over IP", und weiß der Kuckuck, so eine Palette. Da finden Sie sich nicht zurecht ohne fremde Hilfe. [...] So müssen wir uns durchhangeln. Wäre doch auch idiotisch zu glauben, dass wir alles Mögliche selbst erfinden könnten. Da gibt es halt Leute, die machen nichts anderes, und die können das auch besser als ich. Wir managen den Prozess mehr, als dass wir eigentlich selbst entwickeln."

Dieser Leiter einer Stabsstelle zur Modernisierung der Justizverwaltung sieht also einen direkten Zusammenhang zwischen der Komplexität der Aufgaben und der Hinzuziehung von Beratern. Dies bestätigt die obigen Ausführungen zur Transaktionskostentheorie. Je komplexer die Aufgaben, so der ökonomische Ansatz, desto effizienter ist der Einsatz von Beratern zur Analyse der Komplexität im Vergleich zur eigenen Leistungserstellung. Ähnlich, jedoch mit einer anderen Nuancierung, argumentiert der Leiter Personalentwicklung eines Wohlfahrtsverbands:

„Ich glaube, bei dem Qualitätsmanagement-Prozess, so wie wir ihn hier bei uns gestartet haben, ging es erst mal darum, überhaupt das Know-how in das Unternehmen zu bekommen, weil wir das hier nicht hatten. Als das anfing, waren Themen wie „Managementsysteme" und „Qualitätsmanagement" eigentlich fremde Begriffe, man wusste nicht, was verbirgt sich dahinter, wie geht man so etwas an, wie macht man das, was heißt das, was gibt es für Systeme. Und für all diese Fragen hat man sich das externe Wissen ins Haus geholt."

Auch hier wird insofern der ökonomische Ansatz bestätigt, als für Aufgaben, die organisationsübergreifend häufig vorkommen, für die einzelne Organisation aber selten und in diesem Fall neu sind, die Hinzuziehung externer Expertise effizient ist.

Der Leiter des Baureferats in einem Finanzministerium eines Bundeslands sowie der Teilbereichsleiter der Stabsstelle für Verwaltungsmodernisierung im Innenministerium eines Bundeslands äußern darüber hinaus die Meinung, zukünftig weniger Beratungsleistungen nachfragen zu müssen, da der Wissenstransfer von den Beratern auf die Mitarbeiter irgendwann erfolgreich abgeschlossen sei. Sie hätten eine genaue Vorstellung darüber, unter welchen Umständen ein Beratungsunternehmen ein sinnvoller Partner sein kann und wie er dann gewinnbringend eingesetzt werden kann.

Halten wir diesen Erklärungen, die vor allem die obigen ökonomischen Überlegungen zum Einsatz von Beratern bestätigen, nun aber folgende Aussagen entgegen:

d.Verf.: „Was ist für Sie der Kern von New Public Management, worum geht es, wenn Sie Qualitätsmanagement oder Organisationsentwicklung machen?"

Verantwortlicher für Qualitätsmanagement und Organisation eines Wohlfahrtsverbands:

> „Natürlich gibt es da unterschiedliche Motive. [...] Welches von diesen Motiven das Lei-
> tende ist, ist für mich nicht zu identifizieren. Ich denke, ein wichtiger Punkt ist gewesen,
> sich zu positionieren, also eine ganz klare Marketing-Maßnahme, dass wir auch unsere
> Qualität nachweisen können. Es geht aber auch um Effizienzsteigerungen, es geht auch
> um Geld, ganz klar."

Der Gesprächspartner spricht hier also zwei unterschiedliche Motive an. Zum einen sagt
er, gehe es ganz klar um tatsächliche Effizienzsteigerungen, also ökonomische Gründe.
Zum anderen sagt er jedoch mit überraschender Freimütigkeit, dass es ebenso ein Motiv
gäbe, "sich zu positionieren", „als Marketing-Maßnahme", „damit wir Qualität nachweisen können". Dies bestätigt die obigen Ausführungen zum soziologischen Neoinstitutionalismus. Motiv für Verwaltungsmodernisierung bzw. für den Einsatz von Beratern dabei
ist nach dieser Argumentation nicht nur das ökonomische, also eine tatsächliche Effizienzsteigerung, sondern auch die Gewinnung von Ansehen im Umfeld der Organisation. Das
Ergreifen von Maßnahmen zur Qualitätssicherung dient demnach auch der Signalsetzung,
dass man eine moderne, an Effizienz orientierte Organisation ist. Hören wir dazu die Aussage eines stellvertretenden Vorsitzenden eines Beamtenverbands, der vorher Personal-
ratsvorsitzender der Polizei in einer mittelgroßen Stadt im Prozess der Verwaltungsmodernisierung war:

> „Ich denke, im Wesentlichen ist es die Politik – die Finanzprobleme – die wir haben. Ich
> denke aber auch, dass uns die Wirtschaft vormacht, wie effizient man arbeiten kann. [...]
> Man muss halt in der Zeit, in der alles so schnelllebig ist, wo ja auch unsere Kunden, die
> Bürger draußen, die Firmen sich auf die neue Technik einstellen, kann ja auch die Ver-
> waltung davon nicht unbetroffen bleiben."

Hält man sich diese Aussage ein paar Sekunden vor Augen, zeichnet sich ab, dass alle drei
oben genannten Mechanismen zur Nachfrage nach Verwaltungsreformen und Beratereinsatz durchklingen. Zunächst gibt es tatsächliche Finanzprobleme, die aus dem politischen
Zwang der Kostenersparnis resultieren. Die Verwaltungsreformen werden damit ökonomisch begründet. Zum anderen gibt es „die Wirtschaft, die vormacht, wie effizient man
arbeiten kann". Hier geht es um Transfer oder Imitation von Managementkonzepten der
Privatwirtschaft, die für opportun gehalten wird bzw. dem man sich als öffentliche Verwaltung nicht entziehen kann. Und drittens gibt es „unsere Kunden, die Bürger draußen",
die eine Implementierung neuer Technologien und Effizienzsteigerungen erwarten und
deren Erwartungen man entsprechen muss. Ohne dass sich der ehemalige Personalrats-
vorsitzende der Polizei darüber klar ist, hat er hier in drei Sätzen drei Gründe für das
Wachstum von Beratung im öffentlichen Sektor angesprochen.

Die Aussage des Leiters eines Finanzamts in einer Stadt mit 200.000 Einwohnern geht in
die gleiche Richtung. Vergleiche mit Konzepten und Abläufen der Privatwirtschaft stehen
bei Projekten der Verwaltungsmodernisierung seines Erachtens im Vordergrund:

> „Es geht auch einfach darum, einen Vergleich zur Wirtschaft zu machen, und von daher
> gab es auch aus der Wirtschaft kommend Bestrebungen, Verfahrensabläufe und Verwal-
> tungsabläufe in den Behörden einfach zu untersuchen und zu prüfen, inwieweit die

einmal optimaler gestaltet werden können und inwieweit sie auch wirtschaftlich kostengünstiger erbracht werden können."

Deutlich wird hierbei, dass zwischen dem ökonomischen Argument der Effizienzsteigerung und dem soziologischen Argument der Imitation von Konzepten, die für effizient gehalten werden, zunächst keine Unterscheidung getroffen wird. Von der Privatwirtschaft zu lernen ist für den Leiter der Finanzbehörde zunächst gleichbedeutend mit Effizienzsteigerung. Kritischer gegenüber Unternehmensberatungen wird er später im Interview, wenn er auf die Auslöser der Reformen zu sprechen kommt.

d.Verf.: „Welche Teile der Wirtschaft waren das [die auf Reformen und eine Überprüfung der Verwaltungsabläufe pochten, d.Verf.]?"

Behördenleiter:

„Also, ich meine schon, dass das vor allem eben Unternehmensberater waren, die hier später auch mit Gutachten beauftragt worden sind. Das sind die wesentlichen Initiatoren in diese Richtung, aus den Erfahrungen, die ich in der Verwaltung gemacht habe."

Der Leiter der Finanzbehörde schreibt Unternehmensberatern damit eine sehr aktive Rolle beim Aufkommen und der Verbreitung von Verwaltungsreformen zu. Dies untermauert das Argument der kritischen Organisationswissenschaftler, die Unternehmensberatungen ebenfalls in einer aktiven Rolle sehen. Die Kausalkette „Politik treibt Verwaltungen zu Effizienzsteigerungen, die daraufhin auf Unternehmensberater zurückgreifen" wird damit ergänzt durch ein weiteres Element, das die Kausalkette zu einer Art Kreislauf macht: „Unternehmensberater machen die Politik auf Möglichkeiten zu Effizienzsteigerungen in der Verwaltung aufmerksam, woraufhin die Politik Verwaltungsreformen anstößt und Führungskräfte im öffentlichen Dienst auf Unternehmensberatungen zukommen."

Noch direkter geht der Hauptpersonalrat des Kultusministeriums eines Bundeslands auf die Rolle von Beratern ein. Gefragt nach den treibenden Kräften von Verwaltungsreformen sagt er:

„Also, ich denke die Verwaltung selber kann man ziemlich ausnehmen [als Treiber von Reformbestrebungen, d.Verf.], weil die vorhandenen Unzufriedenheiten sich nie in solche Richtungen organisiert haben. Die Politik selbständig auch nicht. Meine Beobachtung ist, dass – und das habe ich auch bei der Begleitung der Literatur der letzten zehn Jahre festgestellt – die Firmen, die hier ein Produkt zu verkaufen haben [gemeint sind Unternehmensberatungen, d.Verf.], festgestellt haben – ob das nun Total Quality Management oder jetzt das Neue Steuerungsinstrumentarium sind: die großen Bereiche der Wirtschaft und nicht-öffentlichen Verwaltungen sind abgegrast und – wo ist noch ein Feld? Und da war immer noch ein Schlusssatz in solchen Büchern: öffentliche Verwaltung und Beamte. Man hat hier im Grunde die Landesregierung und den Ministerpräsidenten gewonnen – so ungefähr, wie die Amerikaner den Chinesen Öllampen geschenkt haben, um dann teuer... Also so ist mein Eindruck. Das war sicherlich nicht der Impuls von innen [aus der Verwaltung heraus, d.Verf.]."

Für den Hauptpersonalrat ist es nicht die Politik oder die Verwaltung selbst, die aus eigener Erkenntnis heraus zu dem Schluss kommt, man müsse jetzt Verwaltungsreformen durchführen, sondern es sind Unternehmensberatungen, die die Politik auf mögliche bzw. notwendige Reformen aufmerksam machen. In dieser Auffassung sieht er sich durch Beraterliteratur bestätigt, in der immer wieder auf den öffentlichen Dienst als potenziellen Kunden bzw. großes Beratungssegment aufmerksam gemacht wird. Beispiele für die von diesem Hauptpersonalrat genannten „Schlusssätze", in denen der Beratung für den öffentlichen Sektor eine große Zukunft vorausgesagt wird, finden sich in der Tat beispielsweise in den „Fact&Figures zum Beratungsmarkt" des BDU zu Beginn des Jahrtausends.

Insgesamt wird deutlich, dass alle drei oben diskutierten Mechanismen, die zur Nachfrage nach Beratungsunterstützung bei Verwaltungsreformen führen, von den Führungskräften genannt oder angedeutet werden. Bei den meisten Gesprächen stand das ökonomische Argument, dass man mit Beratern schneller und besser die Ziele von Verwaltungsreformen erreiche, im Vordergrund. Die eher kritischen Argumente in Sachen Steigerung von Anerkennung, Konzeptimitationen und „Managementmoden" werden von den Führungskräften der öffentlichen Verwaltung eher implizit als explizit formuliert. Klar wurde aber auch, dass Führungskräfte des öffentlichen Diensts den Akquise-Bemühungen von Unternehmensberatungen kritisch gegenüberstehen. In der Tat gibt es im Beraterumfeld Formulierungen, die den von Finanzproblemen geplagten Regierungseinheiten einen politisch einfachen Weg aus der Krise versprochen haben (z. B. Berger 2005; MCI 2001: 5). Bei den Führungskräften der Verwaltung sorgen solche Akquisetätigkeiten oder -formulierungen für Skepsis, nicht zuletzt weil immer wieder Zweifel geäußert werden, ob Berater ihre Versprechen tatsächlich einlösen können. Die Leistungskomplexität des öffentlichen Diensts und die Abhängigkeit bzw. Dynamik von Politik und Gesetzgebung werde oft unterschätzt. Es scheint das Bild des Beraters als „Arzt" durch, der nur in Erscheinung treten sollte, wenn der Patient ihn aktiv aufsucht. Wir werden im weiteren Verlauf dieses Buches darauf zurückkommen.

4 Marktmechanismen im Public Sector Consulting

Im vorangegangenen Kapitel haben wir uns der Frage gewidmet, warum Verwaltungsreformen im öffentlichen Sektor allgegenwärtig geworden sind und warum in diesem Zusammenhang Dienstleistungen von Unternehmensberatungen stark nachgefragt werden. Organisationstheoretisch haben wir drei Gründe hergeleitet und Aussagen von Führungskräften im öffentlichen Sektor vor diesem Hintergrund interpretiert. Ökonomische Begründungen standen stets im Vordergrund, jedoch haben unsere Gesprächspartner auch Zweifel an allein ökonomisch begründbaren Mechanismen geäußert. Für soziologisch herleitbare Gründe standen Aussagen, die auf die Gewinnung von Anerkennung für den öffentlichen Dienst abstellen, die Marketingbemühungen von Beratern statt objektiven Sparzwang als Ausgangspunkt betrachten und die Imitationen von Managementkonzepten aus der Privatwirtschaft sehen. Diese eher kritisch betrachteten, soziologischen Mechanismen haben jedoch auch ökonomische Elemente. So sorgt die Gewinnung von Legitimität für erleichterten Ressourcenzufluss und die Imitation von Managementkonzepten der Privatwirtschaft kann reale Verbesserungen im öffentlichen Dienst mit sich bringen. Jedoch gehen mit diesen Mechanismen Zweifel am simplen Mechanismus „realer Sparzwang sorgt für Veränderungsdruck, der am besten durch beratergestütztes Lernen von der Privatwirtschaft bewältigt werden kann" einher.

Sowohl organisationstheoretisch als auch auf Basis der Aussagen der Führungskräfte des öffentlichen Diensts kristallisiert sich damit eine Unterscheidung heraus: zwischen offiziellen Gründen bzw. Mechanismen auf der einen Seite und inoffiziellen, weniger deutlich ausgesprochenen auf der anderen Seite. Bei der Suche nach Gründen für Verwaltungsreformen und für die Hinzuziehung von Beratern bildet der ökonomische Grund jeweils die offizielle Version: Sparzwang, Effizienzsteigerungen, Hilfe beim Lernen von der Privatwirtschaft. Die soziologisch herleitbaren Gründe sind eher inoffizieller Natur: Imitation von Konzepten, Förderung eines besseren Bilds vom öffentlichen Sektor, Orientierung an Managementmoden. Diese Unterscheidung zwischen offiziellen und inoffiziellen Mechanismen durchzieht auch die Erörterung der Marktmechanismen, die wir in diesem Kapitel vornehmen.

Grundproblem bei der Auftragsvergabe an Berater ist die asymmetrische Informationsverteilung zwischen Auftraggeber und Auftragnehmer. Bei Beratungsleistungen handelt es sich um Erfahrungsgüter, deren Qualität erst nach Leistungserbringung eingeschätzt werden kann, oder gar um Vertrauensgüter, deren Qualität noch nicht einmal im Nachhinein gut beurteilt werden kann, da ein Vegleichsmaßstab fehlt (Nayyar 1990, Glückler/Armbrüster 2003). Der Auftraggeber kennt die Qualifikation, die Zuverlässigkeit und den Leistungswillen des Auftragnehmers im Vorhinein kaum, und trotzdem muss er den Auftrag vergeben.

Stegemeyer (2002) sieht aufgrund dieser Problematik in Referenzen, also einem überprüf-baren Qualitätsmerkmal, den „wohl bedeutendsten Faktor zur Etablierung neuer Bera-tungsverhältnisse", die „einzige, subjektiv als verlässlich eingeschätzte Informationsquelle für die Leistungsbeurteilung von Unternehmensberatern", da sie auf „erfolgreichen Leis-tungen in der Vergangenheit basieren" (Stegemeyer 2002: 279 ff.). Referenzen können nicht käuflich erworben werden und besitzen damit die höchste Glaubwürdigkeit, wenn man von der Gefahr von gefälschten oder geschönten Referenzen einmal absieht. Schade (1996) kommt hingegen zu dem Schluss, dass nicht Referenzen, sondern die Reputation eines Unternehmensberaters das wichtigste Kriterium für eine Kontaktaufnahme durch den Klienten ist, wobei Schade nach Branchenkompetenz und Kompetenz in einem bestimm-ten Funktionsbereich differenziert. Die Größe der Unternehmensberatung wirkt dabei tendenziell als Wettbewerbsvorteil in Sachen Reputation. Je größer die Beratung, so die Argumentation, desto geringer dessen Anreiz zu opportunistischem Verhalten, da negati-ve Erfahrungen mit großen Beratungen eher publik gemacht werden (ein so genanntes negatives Sanktionspotenzial, Stegemeyer 2002: 257 ff.) und somit den Ruf einer Beratung nachhaltig schädigen können.[10]

Darauf aufbauend vertreten Glückler/Armbrüster (2003) die These, dass der Wettbewerb von Unternehmensberatungen untereinander um Kundenaufträge nicht entlang der tradi-tionellen Parameter „Preis und Qualität" erfolgt, sondern auf Basis von Vertrauen, Reputa-tion und Weiterempfehlungen, also entlang informeller statt formeller Institutionen. Bei der Entscheidung, welche Unternehmensberatung einen Auftrag erhält, bestehe bei be-trieblichen Entscheidungsträgern oft die Tendenz, die gleiche Beratung zu beauftragen, die bereits in der Vergangenheit für die Organisation tätig war. Dies gilt selbst dann, wenn die Beratung für das anstehende Projekt gar nicht auf besondere Erfahrung im Hinblick auf die zu lösende Aufgabe verweisen kann.[11] Der Grund für dieses auf den ersten Blick „irra-tionale" Verhalten der Akteure besteht in der oben genannten Qualitätsungewissheit, die mit der Leistungserbringung verbunden ist.

Im öffentlichen Dienst bildet die Verdingungsordnung für freiberufliche Leistungen (VOF) die rechtliche Grundlage, um möglichst rationale Entscheidungen bei der Auftragsvergabe treffen zu können, gegliedert nach verschiedenen Kriterien. Bei genauerem Hinsehen je-doch wird klar, dass die Auftragsvergabe nicht allein den dort festgeschriebenen formellen Mechanismen folgt, sondern soziale Prozesse und informelle Mechanismen wie Reputa-tion eine große Rolle spielen. Wir beginnen die Darstellung der Mechanismen zunächst mit der Auftragsvergabe nach VOF, wobei wir insbesondere prüfen, ob und wie rechtliche Vorschriften zur Auftragsvergabe auch tatsächlich umgesetzt werden bzw. umgesetzt

---

[10]   Als Beispiele seien hier die negativen Publizitäten der Firma McKinsey nach der Swissair-Pleite und von Roland Berger nach dem Rücktritt von Florian Gerster bei der Bundesagentur für Arbeit genannt.

[11]   Denkbar wäre etwa ein Fall, bei der eine klassische Strategieberatung den Auftrag erhält, ein IT-Projekt zu begleiten.

werden können. Anschließend widmen wir uns der Rolle von Reputation und Referenzen von Unternehmensberatungen und gehen schließlich auf deren Marketingbemühungen ein.

4.1   Auftragsvergabe nach VOF in der Praxis

Will die öffentliche Verwaltung einen Beratungsauftrag vergeben, so muss sie dies nach Maßgabe der Verdingungsordnung für freiberufliche Leistungen (VOF) tun. Die VOF (2006) sieht ein öffentliches Ausschreibungsverfahren vor, wenn das erwartete Honorarvolumen € 206.000 (ohne Umsatzsteuer) übersteigt, ansonsten ist auch eine freihändige Vergabe, d. h. ohne Ausschreibung, zulässig.[12] Nach § 4 (1) VOF sind Aufträge an „fachkundige, leistungsfähige und zuverlässige [...] Bewerber" zu vergeben. Der Zuschlag bei diesem Wettbewerb ist demjenigen Bewerber zu erteilen, „der aufgrund der ausgehandelten Auftragsbedingungen im Rahmen der vorgegebenen Auftragskriterien die bestmögliche Leistung erwarten lässt" (§ 16 (4)). Neben dieser Generalnorm zur Vergabe bietet die VOF einen Katalog an Kriterien, die Berücksichtigung finden sollen:

> § 16 Auftragserteilung
>
> (3) Bei der Entscheidung über die Auftragserteilung berücksichtigt er [der Auftraggeber, d.Verf.] auf die erwartete fachliche Leistung bezogene Kriterien, insbesondere Qualität, fachlicher oder technischer Wert, Ästhetik, Zweckmäßigkeit, Umwelteigenschaften, Kundendienst und technische Hilfe, Leistungszeitpunkt, Ausführungszeitraum oder -frist und Preis/Honorar [...]. (VOF 2006)

Neben dem Preis gibt es also zahlreiche weitere, schwerer quantifizierbare Kriterien, die die Behörde bei der Auftragserteilung berücksichtigen muss: Der Preis der Leistung ist demnach nur ein Kriterium bei der Auftragsvergabe, und seine Nennung am Ende der Aufzählung lässt vermuten, dass der Gesetzgeber ihm nicht die größte Bedeutung zumisst. Diese Vermutung wird bestärkt durch den unmittelbar vorangehenden Absatz der VOF:

> „Die Auftraggeber haben in der Aufgabenbeschreibung oder der Vergabebekanntmachung oder der Aufforderung zur Teilnahme an der Verhandlung alle Auftragskriterien anzugeben, deren Anwendung vorgesehen ist. Sie haben auch anzugeben, wie die einzelnen Kriterien gewichtet werden. Die Gewichtung kann mittels einer Marge angegeben werden. Kann nach Ansicht des Auftraggebers die Gewichtung aus nachvollziehbaren Gründen nicht angegeben werden, so gibt der Auftraggeber die Kriterien in der absteigenden Reihenfolge ihrer Bedeutung an." (§ 16 (2) VOF).

---

[12]   Eine Präzisierung: § 2 der VOF (2006) nennt den Schwellenbetrag nicht explizit, sondern bezieht sich auf § 2 der allgemeineren Vergabeordnung (VgV, Verordnung über die Vergabe öffentlicher Aufträge). § 2 der VgV verweist wiederum auf die Verordnung (EG) Nr. 1422/2007 vom 4. Dezember 2007. Erst diese europäische Verordnung nennt den Schwellenwert von € 206.000.

Mit anderen Worten: Es gibt keinerlei gesetzliche Verpflichtung, stets dem günstigsten Anbieter den Zuschlag zu erteilen. Diese Feststellung kann für einen Außenstehenden möglicherweise überraschend sein, da man normalerweise von der sparsamen Verwendung von Steuergeldern ausgeht. Eine reine Fixierung auf den niedrigsten Preis würde bei einer komplexen Dienstleistung wie der Beratung aber zu Marktversagen führen, da der Preismechanismus nur bei Produkten funktioniert, deren Eigenschaften vor dem Kauf zuverlässig eingeschätzt werden können (vgl. Nayyar 1990). Wie aber kann man vor der Auftragsvergabe „Qualität, fachliche[n] Wert und Zweckmäßigkeit" einer Beratungs-dienstleistung erheben? Die VOF versucht, dem Entscheider einige Hilfestellungen an die Hand zu geben, wie die fachliche Eignung eines potenziellen Auftragnehmers festgestellt werden kann. In einem der längeren Paragraphen der VOF heißt es hierzu:

§ 13 Fachliche Eignung

(1) Die fachliche Eignung von Bewerbern für die Durchführung von Dienstleistungen kann insbesondere aufgrund ihrer Fachkunde, Leistungsfähigkeit, Erfahrung und Zu-verlässigkeit beurteilt werden.

(2) Der Nachweis der Eignung kann je nach Art, Umfang und Verwendungszweck der betreffenden Dienstleistungen folgendermaßen erbracht werden:

a) soweit nicht bereits durch Nachweis der Berufszulassung erbracht, durch Studien-nachweise und Bescheinigungen über die berufliche Befähigung des Bewerbers und/ oder der Führungskräfte des Unternehmens, insbesondere der für die Dienstleistungen verantwortlichen Person oder Personen,

b) durch eine Liste der wesentlichen in den letzten drei Jahren erbrachten Leistungen mit Angabe des Rechnungswertes, der Leistungszeit sowie der öffentlichen oder priva-ten Auftraggeber der erbrachten Dienstleistungen,

– bei Leistungen für öffentliche Auftraggeber durch eine von der zuständigen Behörde ausgestellte oder beglaubigte Bescheinigung,

– bei Leistungen für private Auftraggeber durch eine vom Auftraggeber ausgestellte Be-scheinigung; ist eine derartige Bescheinigung nicht erhältlich, so ist eine einfache Erklä-rung des Bewerbers zulässig,

c) durch Angabe über die technische Leitung,

d) durch eine Erklärung, aus der das jährliche Mittel der vom Bewerber in den letzten drei Jahren Beschäftigten und die Anzahl seiner Führungskräfte in den letzten drei Jah-ren ersichtlich ist,

e) durch eine Erklärung, aus der hervorgeht, über welche Ausstattung, welche Geräte und welche technische Ausrüstung der Bewerber für die Dienstleistungen verfügen wird,

f) durch eine Beschreibung der Maßnahmen des Bewerbers zur Gewährleistung der Qualität und seiner Untersuchungs- und Forschungsmöglichkeiten,

g) sind die zu erbringenden Leistungen komplexer Art oder sollten sie ausnahmsweise einem besonderen Zweck dienen, durch eine Kontrolle, die vom Auftraggeber oder in dessen Namen von einer anderen damit einverstandenen zuständigen amtlichen Stelle aus dem Land durchgeführt wird, in dem der Bewerber ansässig ist; diese Kontrolle betrifft die Leistungsfähigkeit und erforderlichenfalls die Untersuchungs- und Forschungsmöglichkeiten des Bewerbers sowie die zur Gewährleistung der Qualität getroffenen Vorkehrungen,

h) durch Angabe des Auftragsanteils, für den der Bewerber möglicherweise einen Unterauftrag zu erteilen beabsichtigt.

[...]

Die VOF nennt somit eine Reihe von Hilfsgrößen, um die Ungewissheit hinsichtlich Qualität der zu erbringenden Leistung zu reduzieren. Wie wir unten sehen werden, zeigt sich aber, dass die aufgeführte Liste trotz ihres Umfangs bei Beratungsaufträgen keine große Hilfestellung leistet. Im Gegenteil, bei Unternehmensberatern und Führungskräften der Wirtschaft wird dieser Versuch der Formalisierung von Leistungskriterien möglicherweise Schmunzeln hervorrufen, weil er mit der ihnen bekannten Realität der Auftragsvergabe über erfahrungsbasiertes Vertrauen, Weiterempfehlungen und Reputation wenig gemeinsam hat. In der Tat besteht ein Mangel der VOF darin, dass sie als typischen Fall eine Architekten- oder Ingenieursleistung zugrundelegt, welche noch eher durch entsprechende Gutachter, objektive Kriterien und technische Analysen bewertet werden kann, als dies bei Beratungsleistungen der Fall ist.

In unseren Gesprächen wollten wir dementsprechend herausfinden, welche Rolle die Vergaberichtlinien in der Praxis tatsächlich spielen. Ausgangspunkt bildet die Überlegung, dass die Qualität einer Beratungsdienstleistung wie erwähnt im Vorhinein kaum eingeschätzt werden kann. Wie kann dann der Entscheidungsträger dennoch den Vorgaben der VOF gerecht werden, wonach der Bewerber den Zuschlag erhält, der „die bestmögliche Leistung erwarten lässt" (§ 16 (4) VOF)? Der bereits dargestellte „Fachverband Öffentliche Auftraggeber" des Bundesverbands Deutscher Unternehmensberater BDU e.V. äußert sich dementsprechend enerviert, fast ein wenig resigniert, über die Vergabepraxis im öffentlichen Dienst: „Manchmal erhielt das billigste Angebot den Zuschlag, manchmal das wirtschaftlichste, und manchmal wurde das Projekt auch ganz zurückgezogen" (BDU 2009). Dementsprechend habe man „[d]ie Entstehung dieser verbindlichen Vergaberegelung für alle Beratungsaufträge [...] vom Fachverband Öffentliche Auftraggeber in den vergangenen Jahren inhaltlich begleitet" (BDU 2009).

Bei der Frage nach dem Prozess der Auftragsvergabe weisen alle Gesprächspartner zunächst auf die rechtlichen Vorschriften zur öffentlichen Ausschreibung hin. Eine Referatsleiterin in der Abteilung Verwaltungsreformen in einer Staatskanzlei eines Bundeslands sowie der Leiter einer Stabsstelle für die Modernisierung der Justizverwaltung eines Bundeslands formulieren es folgendermaßen:

> Leiter Stabsstelle Modernisierung der Justizverwaltung:
> „Es müssen also öffentliche und in der Regel europaweite Ausschreibungen stattfinden, sofern man, ich glaube, beim Beratungsauftrag € 200.000 Auftragssumme überschreitet. Und das haben wir auch gemacht. Etwas anderes würde man von uns nicht erwarten, also wir halten uns da ganz strikt ans Gesetz."

> Referatsleiterin Abteilung Verwaltungsreformen:
> „Ab einem gewissen Ausschreibungsvolumen muss man eine europäische Ausschreibung machen, das haben wir locker bei diesem Projekt überschritten. Dann gibt es ein ganz stringentes Auswahlverfahren, das ist im Detail alles sehr gut geregelt."

Im Detail alles sehr gut geregelt? In Anbetracht der oben diskutierten informellen Mechanismen der Qualitätseinschätzung sind Zweifel angebracht, ob die VOF allein tatsächlich ein gutes Instrumentarium zur Auftragsvergabe bietet. Halten wir uns vor Augen, dass der in der Einleitung beschriebene Vorgang der Beratungsaufträge für Roland Berger für den öffentlichen Dienst besonders deshalb ein negatives Medienecho ausgelöst hat, weil die Aufträge jeweils knapp unterhalb der damaligen € 200.000-Grenze lagen.[13] Die Vermutung lag nahe, dass dort offenbar ein wesentlich größerer Auftrag in kleinere Teilprojekte aufgeteilt wurde, um eine öffentliche Ausschreibungspflicht zu umgehen.[14]

Möchte ein Beratungsunternehmen an einer Ausschreibung teilnehmen, muss es ein schriftliches Angebot verfassen und dieses bei der ausschreibenden Behörde fristgerecht einreichen. Das Verfassen aussagekräftiger Unterlagen ist für ein Unternehmen mit erheblichen Kosten verbunden, so dass hier bereits ein Selbstselektionsprozess stattfindet, bei dem die Beratung die Kosten für das Erstellen der Unterlagen mit ihrer Erfolgswahrscheinlichkeit abwägt. Der Leiter der Stabsstelle für die Modernisierung der Justizverwaltung eines Bundeslands beschreibt den weiteren Verlauf der Auftragsvergabe wie folgt:

> „Da bin ich gerade drin in so einem Verfahren; habe ich morgen einen Termin dazu. Das macht man so oder machen wir so, dass wir die Angebote, die eingehen, auf die Ausschreibung in einer Arbeitsgruppe oder wie auch immer, in einem Ad-hoc-Gremium studieren und nach einem vorher gefassten, miteinander abgestimmten erarbeiteten Auswertungsschema bewerten. Und in der Ausschreibung steht dann auch schon drin, wie viele zur Präsentation ihres Angebots eingeladen werden, wie viele Unternehmen. Also wir arbeiten immer damit, dass dann in der engeren Wahl zwei oder drei Unternehmen sind und die werden dann eingeladen, in sagen wir mal, der Zeit von einer, eineinhalb Stunden ihre Vorgehensweise zu erläutern und möglichst auch ihre Berater, die sie auf das Projekt setzen, schon vorzustellen. Das klappt natürlich nicht immer. Damit haben wir eigentlich schon ganz gute Erfahrungen gemacht. Aber die tiefsten Erkenntnisse holen Sie immer aus den schriftlichen Angeboten. Je fachspezifischer das ist, sind die echt sehr verschieden."

---

[13]   Bis zur Neufassung der VOF im Jahre 2006 lag die Ausschreibungsgrenze bei € 200.000.

[14]   Mit der Neufassung der VOF wurden Stückelungen eines Auftrags zur Umgehung der Grenze verboten.

> d.Verf.: „Ja, gibt es denn Angebote, wo man einfach das Gefühl hat, da ist gar kein Fachwissen vorhanden in dem Bereich?"
>
> „Ja, also das merkt man dann schon. Gibt es wirklich, wo man denkt, Thema verfehlt. Also das ist echt so. Es gibt welche, die sehr, sehr dezidiert die Methode, die sie anwenden wollen, beschreiben und auch zu welchen Ergebnissen sie kommen, also es ist gerade ein Projekt „Personalbedarfsmessungen", und da kann man halt auch mit mathematischen Formeln und so Dingen operieren und auch die Erhebungsmethode, wie man erst mal zu den Daten kommen will und so. Und das kann man beschreiben, konkret oder abstrakt. Da kann man schon was daraus sehen. Das ist ganz spannend."

In einer gewissen Weise beschreibt dies den Idealtypus der Auftragsvergabe: Die schriftlichen Unterlagen erscheinen aussagekräftig und erlauben eine Differenzierung von guten und schlechten Anbietern. Mit einer anschließenden Präsentation treten die zwei oder drei näher in Frage kommenden Beratungsfirmen gegeneinander an. Diese Präsentation dient dazu, weitere Qualitätsüberprüfungen vornehmen zu können, spezifische Fachfragen zu klären und die Berater persönlich kennen zu lernen. So weit so gut.

Dieser geradlinige Prozess der Auftragsvergabe stellt jedoch möglicherweise nicht die Regel dar. Wie wir weiter unten sehen werden, spielen Aspekte wie Reputation und Weiterempfehlungen auch in Anbetracht der VOF eine bedeutende Rolle. Der idealtypische Prozess kommt dann zum Tragen, wenn das Beratungsprojekt klar umrissen und sein Erfolg überprüfbar ist, wie im obigen Beispiel der Personalbedarfsmessung. Was passiert aber bei sehr komplexen Problemen, bei denen für die öffentliche Verwaltung Neuland betreten wird, und kein Beteiligter schon beim „Pitch" (dem Werben um einen Auftrag) sagen kann, wie das Vorgehen und Ergebnis aussehen wird? Und weiter: Lässt sich das fachliche Know-how wirklich schon bei der Durchsicht der schriftlichen Projektvorschläge feststellen? Ein Referatsleiters in einer obersten Landesbehörde stellt einen Fall intransparenter Auftragsvergabe dar:

> „Es kommt aber auch, dass muss man auch ganz klar sagen, dass die Politik Consultants setzt. Dass man dann völlig überrascht ist, dass die Firma X oder Y beispielsweise jetzt in der Personalentwicklung Hunderte von Manntagen erbringen. Das erstaunt dann etwas, weil die Personalentwicklungsfirma überhaupt nicht bekannt ist in der Szene, aber bei näherer Recherche dann feststeht, dass der Chef der Consultingfirma ein alter Schulfreund eines Ministers ist, den Fall gibt es auch."

In der Realität ist die Auftragsvergabe oft intransparenter als es die VOF vorsieht, und diese Intransparenz ist vor dem Hintergrund der Qualitätsungewissheit, mit der die öffentlichen Auftraggeber bei der Vergabe konfrontiert sind, nicht überraschend. Es liegt in der Natur der Beratungsleistung, dass auch die öffentlichen Auftraggeber auf Ersatzkriterien zur Einschätzung der Qualität zurückgreifen, die für Außenstehende schwierig nachvollziehbar sind. Ersichtlich wird, dass aus dem Katalog der VOF-Kriterien lediglich die Referenz (§ 13 (2) b) VOF) als Indikator bei der Vergabe von Beratungsdienstleistungen ernst genommen wird. So schätzt der Geschäftsführer einer mittelständischen Beratung die Rolle von Referenzen als entscheidend für seinen Akquiseerfolg ein:

> „Da gehe ich davon aus, dass [für die Akquise neuer Projekte; d.Verf.] das Thema Referenzen entscheidend ist. Die erste Frage eines Hauptamtsleiters ist immer, wo haben Sie das schon gemacht, dass ich da mal anrufen kann. Damit ich mich da informieren kann."

Ein Referatsleiter in einer obersten Landesbehörde pflichtet auf die Frage, welche Rolle Referenz bei der Auftragsvergabe spielen, bei:

> „Sehr große Rolle. Wenn die Kollegen zufrieden waren, sowohl vom Menschlichen her als auch vom Fachinhalt, dann wiegt das mehr, als wenn ich irgendeinen Aufsatz lese. Das wiegt für mich mehr."

Die Referatsleiterin in der Abteilung für Verwaltungsreformen in der Staatskanzlei eines Bundeslands beschreibt die Unsicherheit bei der Auftragsvergabe und einen ungewöhnlichen Versuch, damit umzugehen, folgendermaßen:

> „Ja, es gibt noch eine interessante Sache, und zwar, als wir uns entschieden haben, für die Umsetzung Unternehmensberater einzusetzen, ist ja immer die Frage, inwieweit macht man sich von einem Berater abhängig, inwieweit kann man wirklich die Arbeit des Beraters qualitativ beurteilen, weil man ja selbst in der Verwaltung bestimmtes Fachwissen noch gar nicht hat. Das heißt, wenn man denen viel Geld für die Beratungsleistung gibt, muss man ja auch beurteilen können, ist die Beratungsarbeit in Ordnung? Und da wir eingeschätzt haben, dass wir es im Einzelfall nicht immer so gut einschätzen können, haben wir gleichzeitig eine Qualitätssicherung ausgeschrieben, das heißt, wir haben einen zweiten Unternehmensberater eingekauft, der dann also die Qualität des ersten Beraters beurteilen musste."

Bei Führungskräften der Privatwirtschaft wird diese Vorgehensweise möglicherweise ähnliches Schmunzeln auslösen, wie es die Vorschriften der VOF tun. Ein Beratungsprojekt zur Beurteilung eines anderen Beratungsprojekts zu beauftragen, ist aus ökonomischer Perspektive zweifelhaft, da dann ja zwei Projekte beauftragt werden, um ursprünglich nur ein Problem zu lösen. Darüber hinaus ist bei dieser Vorgehensweise unklar, wo die Grenze gezogen wird: Wird demnächst noch ein drittes Projekt beauftragt, um die Qualität der Qualitätsbeurteilung zu beurteilen?

Die von der Referatsleiterin genannte Vorgehensweise belegt damit recht deutlich die Qualitätsungewissheit, von der die Auftragsvergabe im öffentlichen Dienst gekennzeichnet ist. Und sie zeigt eine für den öffentlichen Dienst nicht ungewöhnliche Weise, mit dieser Qualitätsungewissheit umzugehen: Es wird ein formaler Prozess angestoßen – in diesem Fall ein Beratungsprozess zur Beurteilung von Beratungsqualität. Erneut fühlen wir uns an Max Webers Ausführungen zur Bürokratie (Abschnitt 2.1) erinnert: Formale Verfahren führen häufig zu weiteren formalen Verfahren; die Formalität verstärkt sich immanent selbst. Halten wir uns verstärkend die folgende Aussage der Referatsleiterin vor Augen:

> „[M]an muss als Kunde, wenn man mit zwei oder drei Beratern arbeitet, und ein Berater davon auch noch den anderen kontrollieren soll, natürlich immer bedenken, dass die möglicherweise auch untereinander wechselseitige Interessen haben. Die einen verdienen Geld mit uns und die anderen Geld mit uns, und der eine will vielleicht nicht immer dem anderen in die Suppe spucken. Das muss man natürlich ein bisschen mit bedenken, ich denke, die Idee ist grundsätzlich ganz gut, aber man hat als Kunde immer das Gefühl, dass im Hintergrund zwischen Beratern irgendetwas läuft, was der Kunde nicht weiß. Diesem Gefühl kann man sich nicht verwehren, aber es ist eben in der Tat nur ein Gefühl. Man muss sich darüber im Klaren sein, dass das auch nicht so die ideale Besetzung ist. Aber eine ideale, andere kenne ich auch noch nicht."

Ökonomisch ausgedrückt versuchte die Staatskanzlei, in der die Referatsleiterin beschäftigt ist, lediglich, das Problem der Informationsasymmetrie zu lösen. Aber sie versuchte es mit Mitteln, die weitere Informationsasymmetrien erzeugen: Es entstand eine zusätzliche Ungewissheit bezüglich der Qualität des zweiten Beraters und eine weitere bezüglich nicht beobachtbarer Absprachen zwischen den Beratern, die sich möglicherweise kollegial schonen. Es fehlte nur noch, dass die Staatskanzlei eine Kommission mit externen Beratern eingesetzt hätte, um auch diese zusätzlichen Informationsasymmetrien zu bewältigen. Dann wäre die von Max Weber genannte Selbstgenerierung formaler Prozesse nahezu perfekt gewesen: ein formales Verfahren zur Kontrolle der Kontrolle eines formalen Verfahrens.

Die Beauftragung mehrerer Beratungen ist auch im öffentlichen Dienst selten, aber immer noch häufiger anzutreffen als in der Privatwirtschaft, da sie eine formelle Möglichkeit ist, mit Informationsasymmetrie umzugehen. Dabei sind auch Differenzen über die Methodik nicht auszuschließen, die die ursprüngliche Absicht einer echten Qualitätskontrolle von Beratungsarbeit schwierig machen. So sagt der oben bereits zitierte Leiter der Stabsstelle für die Modernisierung der Justizverwaltung eines Bundeslands:

> „Ich habe auch in einem Projekt mal zwei Unternehmen [Beratungsunternehmen, d.Verf.] drin gehabt und die waren sich dann auch nicht zu schade, sich auch in den Projektsitzungen mal zu fetzen. War nicht lustig. Die hatten auch völlig verschiedene methodische Ansätze, das war ein ziemliches Chaos. Das war schwierig."

Für Außenstehende schwer nachzuvollziehen: Ein Auftraggeber beauftragt nicht nur eine, sondern zwei Beratungen, um möglicherweise durch übereinstimmende Ergebnisse oder ähnliche Empfehlungen höhere Sicherheit zur Vorgehensweise zu erhalten. Aber anstatt der erhofften Gewissheit tritt das Gegenteil ein: Die beiden Beratungen ergänzen sich nicht, sondern verfolgen unterschiedliche Ansätze. Der Auftraggeber gewinnt damit nicht an Gewissheit – weder über Beratungsqualität noch über die Problemlösung – sondern an Unsicherheit.

Formelle Wege zur Gewinnung von Qualitätssicherheit, wie sie für den öffentlichen Dienst idealtypisch sind, stoßen also an spürbare Grenzen. Informelle Wege wie Reputation und Weiterempfehlungen sind daher auch im öffentlichen Dienst nicht unbekannt, obgleich sie aufgrund ihrer Informalität wenig Potenzial bieten, einen Auftraggeber im öffentlichen

Dienst formell zu entlasten im Falle von Minderleistung des Beratungsunternehmens. Hierzu die Überlegungen im folgenden Abschnitt.

4.2 Die Rolle der Reputation von Beratungsfirmen

Halten wir uns noch einmal die VOF vor Augen. Nach § 4 (1) sind Aufträge „unter ausschließlicher Verantwortung des Auftraggebers im leistungsbezogenen Wettbewerb an fachkundige, leistungsfähige und zuverlässige – und soweit erforderlich befugte – Bewerber zu vergeben." Betont werden also nicht nur die Qualitätskriterien, sondern auch eine ausschließliche Verantwortung des Auftraggebers. Diese explizite Zuweisung der Verantwortung an den Entscheidungsträger der Behörde spielt eine wichtige Rolle beim Auswahlprozess: Wofür wird sich ein Behördenleiter im Zwiespalt zwischen „teurer Reputation" und geringen Kosten für den Steuerzahler entscheiden? Die in der VOF explizit genannte ausschließliche Verantwortung weist darauf hin, dass ein Behördenleiter Rede und Antwort für seine Entscheidung stehen muss, einschließlich möglicher Konsequenzen für seinen weiteren Karriereweg.

Entscheidet sich der Auftraggeber für die preiswerte Lösung, was gemäß VOF wie oben erörtert nicht erforderlich ist, läuft er Gefahr, im Falle des Misserfolgs abgestempelt zu werden als jemand, der am „falschen Ende" gespart hat. Entscheidet er sich für eine renommierte und damit in der Regel deutlich teurere Beratung, so kann sich der Behördenleiter zumindest darauf berufen, die bestmögliche zu erwartende Qualität am Markt eingekauft zu haben und den Fehler nicht durch unangebrachte Sparsamkeit provoziert zu haben. Durch die Imitation des Verhaltens der privaten Wirtschaft, bei denen zwei Drittel des Beratungsvolumens an die Top 20-Beratungen vergeben werden (Glückler/Armbrüster 2003), reduziert der Behördenleiter sein Risiko, im Falle eines Projektmisserfolgs zur Verantwortung gezogen zu werden. Ein Schulleiter, der in Kooperation mit dem Kultusministerium an seiner Schule zusammen mit Beratern eine Balanced Scorecard entwickelt hat, beschreibt die Situation des Ministeriums wie folgt:

> „Das Ministerium kann sich eine schlechte NSI-Balanced Scorecard gar nicht erlauben, weil das sofort Thema einer Landtagsdebatte werden würde: ‚Verschleudern von Steuergeldern'. Damit hat das Ganze eine politische Dimension. Da Politiker keine schlechten Schlagzeilen wollen, müssen sie sich auf eine andere Weise absichern als ein Schulleiter. Die sagen einfach: ‚Wenn ich auf einer Referenzliste die besten Firmen nehme, dann kann mir in der Landtagsdebatte nicht der Vorwurf gemacht werden, dass ich mich dilettantisch verhalten habe', während ich als Schulleiter einer regionalen Schule sehr viel freier bin."

„Verschleudern von Steuergeldern" ist der zentrale Vorwurf, der Führungskräften im öffentlichen Dienst stets im Nacken sitzt. Und dabei geht es gar nicht einmal darum, sich für die preislich niedrigste Möglichkeit zu entscheiden. Damit könnte man sich zwar in Bezug auf das Preiskriterium entlasten, aber dies führt nicht zu einer Gesamtentlastung im Falle eines Projektmisserfolgs. Die Reputation der Beratung ist ein besseres Mittel zur Entlastung des Entscheidungsträgers, auch wenn damit eine größere Aufwendung verbunden ist.

Der Schulleiter macht darüber hinaus deutlich, dass er als untergeordnete Instanz es leichter hätte, eine kleine oder mittelgroße Beratung zu beauftragen. Übergeordnete Instanzen, die sich nicht nur im regionalen, sondern politischen Umfeld rechtfertigen müssen, haben ein größeres Absicherungsbedürfnis und damit eine stärkere Neigung, eine große, renommierte Beratung zu beauftragen. Die Reputation fungiert also nicht erst gegen Ende des Entscheidungsprozesses als abschließendes Kriterium, sondern bereits sehr früh als eine erste Marktsegmentierung: Innerhalb eines Felds von namhaften Beratungen gibt es stets mehrere Firmen, die in der Kundenwahrnehmung einander relativ ähnlich sind (etwa McKinsey, die Boston Consulting Group und Roland Berger in der Strategieberatung) und gegenüber denen Auftraggeber im weiteren Verfahren indifferent sind, da alle in Frage kommenden Anbieter über ein hohe Reputation verfügen. So formuliert beispielsweise der Referatsleiter für Projekt- und Prozessorganisation in einer obersten Landesbehörde:

> „Wenn das so eine kleine Klecker-Firma ist – da würden wir große Schwierigkeiten haben, so eine Firma einzukaufen, da nutzt auch das große Fachwissen nichts, da wird man in einem zweiten Auswahlverfahren dann eben doch zu einer größeren Consulting-Firma kommen."

> d. Verf.: „Ist das eine Kapazitätsfrage, dass das ein kleines Unternehmen nicht stemmen kann?"

> „Die haben keinen Ruf. Es zählt so ein bisschen auch schon der Ruf, auch in der öffentlichen Verwaltung. Oft ist es ja so, dass die Leistungen selbst von ganz, ganz vielen Firmen angeboten werden und da gehe ich lieber auf Nummer sicher und kaufe ein größeres Unternehmen ein. Es gibt aber Ausnahmefälle im Bereich Personalentwicklung, wo wir konkret auch mit einem Zwei-Mann-Unternehmen oder mit einem Ein-Mann-Unternehmen Kontrakte geschlossen haben."

Der Referatsleiter sagt sehr deutlich, dass er zögern würde, eine kleine Beratung ins Haus zu holen, nennt aber gleichzeitig Ausnahmen, wenn es um spezifische Dienstleistungen wie Personalentwicklung geht. Allerdings ist dies auch ein sehr disperser Markt, in dem es keine großen Anbieter gibt. Derselbe Referatsleiter wird noch deutlicher, wenn es um Strategieprojekte geht:

> „Wenn ich natürlich den Kurs (…) auf eine ganz neue Strategie umstellen will, und das Ziel das Top-Management ist, dann ist mir daran gelegen, das auf die Füße von Gutachten zu stellen, die ich von einem renommierten Unternehmen einholen würde. So etwas würde ich nie durch ein Peanuts- oder Kleckerunternehmen oder womöglich hausinterne Consultants erledigen lassen, sondern da würde ich mir wirklich – wenn ich ein hinreichendes Budget zur Verfügung habe – namhafte, und zwar die namhaftesten Berater einkaufen."

Im Gespräch wiederholt der Referatsleiter den Namen einer renommierten Beratungsfirma, die er in Strategiefragen für besonders kompetent hält. Damit zeigt sich, wie es einigen Beratungen gelungen ist, ein Image in den Köpfen potenzieller Kunden zu verankern. Auch der Leiter des Baureferats in einem Finanzministerium eines Bundeslands, ein Minis-

terialrat, schätzt die Sicherheit, die ein bekanntes Beratungsunternehmen dem Auftraggeber bieten kann:

> d.Verf.: „Wenn Sie tendenziell einschätzen müssten, welche Anbieter eher zum Zuge
> kommen: kleine, spezialisierte Unternehmen, die sich auf die Beratung der öffentlichen
> Hand konzentriert haben, oder sind es eher die großen, bekannten Namen wie McKin-
> sey, KPMG, Roland Berger…?"

> „Es sind eher die großen Unternehmen, die auch in der öffentlichen Verwaltung tätig
> werden. Also, dass kleinere zum Zuge kommen, ist eher die Ausnahme. Man ist sich ja
> auch nicht sicher, wie leistungsfähig ist so ein kleines Unternehmen, ist es überlebensfä-
> hig, wird es bis zum Ende des Beratungszeitraumes überhaupt bestehen. Bei großen Un-
> ternehmen hat man eben doch die Sicherheit, dass die Leistung auch tatsächlich erbracht
> wird und dass das Unternehmen nicht vorher in wirtschaftliche Schwierigkeiten gerät."

Der Ministerialrat fügt damit noch einen weiteren Punkt hinzu, warum ein öffentlicher
Auftraggeber sich leichter tut, Beratungsaufträge an größere Anbieter zu vergeben: Neben
der Qualitätsungewissheit besteht eine Ungewissheit, ob sich ein kleiner Anbieter überhaupt lange genug am Markt behaupten kann, um eine größeres Projekt für einen öffentlichen Auftraggeber zu Ende führen zu können. § 4 (5) VOF („*Kleinere Büroorganisationen
und Berufsanfänger sollen angemessen beteiligt werden.*") wirkt hier eher wie ein hilfloser Ap-
pell denn als wirksamer Mechanismus, den beschriebenen Effekt bei risikoaversen Auftraggebern zu kontrollieren. Dazu erneut der Schulleiter zu seinem Projekt mit dem Kultusministerium eines Bundeslands:

> „Bei den großen Arbeitszeituntersuchungen und Strukturuntersuchungen hier in [Name
> des Bundeslandes] hat man nicht umsonst [Name eines bekannten Beratungsunterneh-
> mens] genommen, in Berlin hat man nicht umsonst [Name eines anderen bekannten Be-
> ratungsunternehmens] genommen, um die Arbeitszeit zu untersuchen, weil einfach der
> Ruf des Unternehmens eine gewisse Solidität ausstrahlt, die einen schützt in einer politi-
> schen Debatte."

Zusammenfassend lässt sich sagen, dass der Ruf einer Beratung bei der Vergabe öffentlicher Aufträge eine große Rolle spielt. In Anbetracht der Eigenschaften von Beratungsprojekten als Erfahrungs- bzw. Vertrauensgut dient er als Ersatzkriterium für die von der VOF
geforderte „Fachkunde, Leistungsfähigkeit, Erfahrung und Zuverlässigkeit" (§ 13 (1)). Klar
ist, dass es sich nur um ein Ersatzkriterium (in Ermangelung eines besseren) handelt, das
auch falsche Sicherheit suggerieren kann. Dazu etwas resignierend der ehemalige Perso-
nalratsvorsitzende der Polizei und stellvertretende Vorsitzende eines Beamtenverbands:

> „Das hat sich uns nie erschlossen, wie die Vergabe abgelaufen ist. Ich denke, da sind
> auch viele Namen gepusht worden, und dann war man beeindruckt, gerade [Name des
> Beratungsunternehmens] hat ja auch den Ruf gehabt lange Zeit, und nachher hat man
> auch gesehen, was da für Seifenblasen rausgekommen sind."

4.3 Die Rolle von formellen Referenzen und informellen Weiterempfehlungen

In großen Unternehmen der Privatwirtschaft haben Führungskräfte der obersten Ebenen in der Regel langjährige Erfahrungen mit Beratern und Beratungsprojekten. In vielen Fällen gibt es einen oder mehrere Berater, mit denen Topmanager im Laufe der Jahre regelmäßig zusammengearbeitet haben und von deren Qualität man überzeugt ist – eine Art „Berater des Vertrauens". Sie werden oft auch für neue Fragestellungen eingesetzt, da der Aufwand, weitere Berater oder Beratungsunternehmen zu prüfen, hoch ist. Persönliches Qualitätsvertrauen ist damit ein starkes Kriterium der Beraterauswahl. Weiterempfehlungen kommen als Mechanismus vor allem dann ins Spiel, wenn unter den Beratern des Vertrauens definitiv keiner dabei ist, der für ein neues Thema geeignet scheint (Glückler/Armbrüster 2003).

In der öffentlichen Verwaltung gibt es jedoch häufig noch keine Routine in der Zusammenarbeit mit Beratern und dementsprechend keinen Berater des Vertrauens. Darüber hinaus darf ein öffentlicher Auftraggeber wie beschrieben ab einem Auftragsvolumen von € 206.000 nicht ad-hoc auf einen Berater des Vertrauens zurückgreifen, sondern muss den Auftrag ausschreiben. Der öffentliche Sektor als Segment des Beratungsmarkts ist damit stärker von distanzierten Beziehungen zwischen Berater und Kunde gekennzeichnet, womit die Rolle von Referenzen und Weiterempfehlungen an Bedeutung gewinnt.

Wie oben angesprochen geht die VOF ausdrücklich auf Referenzen potenzieller Auftragnehmer ein. Gemeint sind damit formelle Referenzen, also schriftlich vorzeigbare, abgeschlossene Projekttitel oder Verweise auf frühere Kunden. Der Betonung solcher formeller Referenzen liegen zwei Annahmen zugrunde: zum einen, dass es sich um einen Markt handelt, der durch distanzierte Kunde-Dienstleister-Beziehungen gekennzeichnet ist – bzw. sein sollte, da Vertrauensbeziehungen zwischen Beratern und Auftraggebern im öffentlichen Dienst mit Verdacht auf Vetternwirtschaft skeptisch betrachtet werden. Zum anderen, dass die Vorlage von Referenzen ein realistischer Indikator für Beratungsqualität ist, da davon ausgegangen wird, dass Referenzen nur mit Erfahrung und Qualität erarbeitet werden können.

Sowohl die erste als auch die zweite Annahme spiegeln idealtypisch-ökonomische Erwartungen wider. Man geht – ein wenig wie im Ökonomie-Schulbuch – davon aus, dass ein Mangel an Referenzen bedeute, dass das Unternehmen noch nicht lange im Markt ist bzw. wenig einschlägige Erfahrungen hat, oder dass es Kundenerwartungen in der Vergangenheit nicht oft erfüllen konnte. Diese Annahme ist nicht grundsätzlich falsch, jedoch überschätzt diese Sicht möglicherweise die Anonymität des Markts und unterschätzt die Bedeutung informeller Institutionen wie Vertrauen und Weiterempfehlungen. Schauen wir uns also die beiden Formen von Referenzen – die unpersönliche, auf schriftlichen Unterlagen basierende Referenz einer früheren Kundenorganisation und die direkte, informelle Weiterempfehlung – auf Basis von Aussagen der Führungskräfte des öffentlichen Sektors an.

In den Gesprächen wurden immer wieder beide Formen der Referenz genannt. Überein-stimmend wird betont, dass nur Referenzen aus dem öffentlichen Sektor und dann nach Möglichkeit aus demselben Ressort zu einer ähnlichen Aufgabenstellung meinungsbildend seien. Der Leiter des Baureferats im Finanzministerium eines Bundeslands, ein Ministerial-rat, formuliert den Zusammenhang wie folgt:

> d.Verf.: „Sie sagten, Referenzen seien wichtig. Achten Sie dann auf Referenzen aus der privaten Wirtschaft, dass z. B. ein Unternehmen damit wirbt, es habe bereits die Luft-hansa oder DaimlerChrysler beraten?"

> „Nein. Nur aus dem öffentlichen Sektor. Mit Referenzen aus der Privatwirtschaft kön-nen wir im Regelfall nichts anfangen. Besser ist es schon, wenn ein Unternehmen Erfah-rungen mit der öffentlichen Verwaltung hat, das ist eben doch was Besonderes. Tätig-keiten in der Privatwirtschaft sagen nichts darüber aus, ob das Unternehmen in der öf-fentlichen Verwaltung sachkundig ist und dort eine gute Leistung verspricht."

Mit der Aussage wird eine zusätzliche Unterscheidung deutlich: zwischen dem Erwerb öffentlicher Reputation und dem Nachweis von Kompetenz im speziellen Beratungsseg-ment. Die *öffentliche* Reputation erwirbt sich ein Beratungsunternehmen durch Projekte in der Privatwirtschaft. Der Beauftragte für die Einführung neuer Steuerungsinstrumente im Kultusministerium eines Bundeslands sagt dazu beispielsweise: „Es gibt welche wie [Na-me eines internationalen Beratungsunternehmens]: hart und kernig, die Dampfwalze, aber auch kompetent". Namhafte Beratungen haben sich also oft erfolgreich in den Köpfen potenzieller Kunden etabliert, gelegentlich für einen bestimmten Beratungsstil. Aber diese öffentliche Reputation war offenbar nur beim Aufkommen vom öffentlichen Sektor als Beratungsmarkt, also in den 1990er und frühen 2000er Jahren, hinreichend, um ein Projekt im öffentlichen Dienst zu akquirieren. Mit der Etablierung des öffentlichen Sektors als eigenständiges Beratungssegment taugen Referenzprojekte in der Privatwirtschaft allein nicht mehr, da der öffentliche Dienst als etwas Spezifisches betrachtet wird. Formelle Refe-renzen haben gegenüber der öffentlichen Reputation den Vorteil, dass sie spezifischer sind und erwiesene Kompetenz in einem relevanten Feld zum Ausdruck bringen – aber sie sind nur dann für den öffentlichen Dienst relevant, wenn die Referenzen aus der öffentlichen Verwaltung stammen. So bestätigt der Teilbereichsleiter einer Stabsstelle für Verwal-tungsmodernisierung im Innenministerium eines Bundeslands die obige Aussage des Ministerialrats:

> d.Verf.: „Sie hatten beispielsweise Referenzen erwähnt: Finden sich dann schriftliche Re-ferenzen in den Bewerbungsunterlagen der Unternehmensberatungen?"

> „Ja, in den Unterlagen, wo auf vergleichbare Projekte hingewiesen wird und wo man dann nachfragen konnte, wie das Projekt gelaufen ist, wie die Zusammenarbeit war, wie die Erfahrungen waren."

> d.Verf.: „Haben Sie dann bei den Beratern nachgefragt, oder bei den entsprechenden Re-ferenzen?"

> „Ja, einmal bei den Beratern. Wenn es um ähnliche Dinge geht, die uns ja sagen können, was da inhaltlich gelaufen ist, und teilweise auch bei den genannten Personen. Beispiel:

> Wir haben jetzt bei dem Projekt [Projektname] die [Name des Beratungsunternehmens] eingebunden. Wir hatten früher schon zum Land [Name des Bundeslands] Kontakt, da war die Firma auch Berater bzw. hatte Beraterfunktionen, und das war uns von früher bekannt gewesen. Das war ein Pluspunkt für diese Firma, einer von mehreren. Es waren noch andere Kriterien da. Aber das war dann ausschlaggebend, weil die dort gute Arbeit geleistet haben und die Verwaltung kannten."

Hier mischen bzw. ergänzen sich also ein formaler und ein informaler Marktmechanismus. Die formale Referenz weist auf ein vergleichbares Projekt in einem anderen Bundesland hin. Unabhängig davon haben die Auftraggeber aber bereits von dem erfolgreichen Projekt in dem anderen Bundesland per Mundpropaganda innerhalb des öffentlichen Sektors gehört.

Interessant ist darüber hinaus, dass die Referenz offenbar primär als Gesprächsanker dient, um dem Anbieter im Verlauf von Auswahlgesprächen näher auf den Zahn zu fühlen. Bei dem Aussteller der Referenz tatsächlich nachzufragen, ob und wie das Projekt gelaufen ist, scheint eher selten zu sein. Der Referatsleiter in der Abteilung für Verwaltungsreformen in der Staatskanzlei eines Bundeslands ergänzt dazu:

> d.Verf.: „Wenn dann bei den Referenzen stehen würde: „Wir haben schon im Bundesland X bei diesem oder jenem Projekt mitgearbeitet" – würden Sie dann in diesem Bundesland anrufen und nachfragen, wie die Zusammenarbeit gelaufen ist?"

> „Das wäre sicherlich eine Möglichkeit. Das wäre ein Thema, dass man da mal anruft und die Kontakte da mal nutzt, um zu hören wie es gelaufen ist."

Man behält sich die direkte Nachfrage vor, führt sie jedoch nur selten durch. Das Nennen der Referenz in den Unterlagen scheint auszureichen, eine Überprüfung seitens des Vergabegremiums erfolgt nicht automatisch. Dies mag man als Nachlässigkeit bezeichnen, lässt sich jedoch gut erklären: Zum einen können die Gesprächspartner davon ausgehen, dass das Risiko, eine falsche Referenz auszulisten, für den Anbieter extrem hoch ist. Nicht nur ist im Falle der Überprüfung der Auftrag selbst nicht mehr zu bekommen, sondern die Angabe einer falschen Referenz spricht sich per Mundpropaganda herum, so dass auch potenzielle andere Aufträge stark gefährdet wären. Zum anderen ginge einer tatsächlichen Nachfrage beim Aussteller einer Referenz ein starker Vertrauensmangel des potenziellen Auftraggebers voraus. Wenn bereits ein solcher Vertrauensmangel besteht, entscheidet der Auftraggeber sich kaum für diesen Anbieter, sondern eher für einen anderen, an dessen Referenzen keinerlei Zweifel bestehen. Der formale Marktmechanismus der schriftlichen Referenz bzw. gelisteten vorherigen Projekte wird damit zum Objekt *informeller* Mechanismen: Die Echtheit der Referenz wird nicht bezweifelt, da das Risiko einer falschen Referenz für einen Anbieter zu groß ist, und eine Überprüfung erfolgt nicht, da ein solches Misstrauen bereits im Vorfeld einer Überprüfung dafür sorgen würde, dass man eher eine andere Beratung beauftragt.

Der Referatsleiter in der Abteilung für Verwaltungsreformen in der Staatskanzlei eines Bundeslands weist noch auf ein anderes Problem der schriftlichen Referenz hin: Auch in großen Beratungen sind es oft nur wenige Partner und Berater, die Erfahrung aus erster Hand mit Projekten im öffentlichen Dienst haben, und diese sind nicht unbedingt verfügbar. Beratungen haben oft eine dünne Personaldecke bei gleichzeitig hoher Personalfluktuation. Erfahrene Berater können zur geplanten Projektzeit in anderen Projekten gebunden sein, sei es in einem anderen Projekt im öffentlichen Dienst oder in einem Projekt bei einem privatwirtschaftlichen Kunden, und damit unabkömmlich sein. So kann die Beratung zwar Referenzprojekte im öffentlichen Dienst nachweisen, aber die Berater, die auf das Projekt gesetzt werden, weisen diese Erfahrung nicht auf. Aus diesem Grund verlangt der Referatsleiter eine genaue Aufstellung darüber, über wieviel Erfahrung mit dem öffentlichen Sektor die einzelnen Berater verfügen, die zum Einsatz kommen sollen:

> „Das erste Kriterium wäre sicherlich die Referenzkunden. Gibt es schon ähnliche Beratungsprojekte? Hat die Beratung schon ähnliche Beratungsprojekte, die mein Themenfeld betreffen, durchgeführt? Das zweite Kriterium wäre die Qualifikation der Berater. Ich würde mir dann eine Liste geben lassen, welche Berater mit welcher Qualifikation hier zum Einsatz kommen. Wie lange sind sie schon im Geschäft, haben sie bei den Referenzprojekten mitgearbeitet, oder sind es zum Teil ganz junge Leute von der Uni? Natürlich hat man Referenzkunden, aber dann kriegt man Leute, die überhaupt nichts mit dem Referenzprojekt zu tun hatten und fängt mit denen genauso bei null an."

Wir halten fest: Während formelle Referenzen in der Privatwirtschaft eine untergeordnete Rolle gegenüber erfahrungsbasiertem, persönlichen Vertrauen und informellen Weiterempfehlungen spielen, ist im öffentlichen Sektor die Bedeutung formeller Referenzen groß. Der Markt ist anonymer, die Beziehungen zwischen Marktteilnehmern distanzierter als in der Privatwirtschaft. Spielen informelle Weiterempfehlungen, also Mund-zu-Mund-Propaganda zwischen Marktteilnehmern, dementsprechend eine untergeordnete Rolle?

Bereits bei der obigen Aussage des Teilbereichsleiters einer Stabsstelle für Verwaltungsmodernisierung im Innenministerium eines Bundeslands klang durch, dass formelle Referenz und Mund-zu-Mund-Propaganda innerhalb des öffentlichen Diensts sich ergänzen. Dies wird durch andere Aussagen bestätigt, und zwar vor allem vor dem oben genannten Hintergrund, dass es nicht zwingend die Beratungs*firma* ist, die die notwendige Erfahrung als Institution haben sollte, sondern die Berater als Individuen. So beschreibt der Teilbereichsleiter den informellen Charakter einer Auftragsanbahnung:

> „Ich kann Ihnen einen anderen Fall nennen. Ich war in einer Projektgruppe im Bereich Wirtschaftsministerium, dort war ein Berater, der dort ein KLR-Konzept [Kosten-Leistungsrechnung; d.Verf.] gemacht hat. Der kam dann auch hier bei uns im Hause zum Tragen, weil er Erfahrungen hatte und weil wir in der anderen Projektgruppe gute Erfahrungen mit ihm gemacht haben, weil er die Verwaltung kannte und seine Beratung gut angekommen ist."

Der Mechanismus „Kennengelernt – Vertrauen gefasst – weiterempfohlen" scheint also so ungewöhnlich nicht zu sein, trotz der VOF, die von anonymen Marktbeziehungen ausgeht. Den institutionellen Kontext, in dem Weiterempfehlungen fließen, beschreibt der Bürgermeister einer mittelgroßen Stadt, die zur Gesprächszeit im Prozess der Verwaltungsmodernisierung war, wie folgt:

d.Verf.: „Empfehlung? Das ist die nächste Frage: Welche Rolle spielen Weiterempfehlungen durch Kollegen?"

„Das ist sicherlich der wichtigste Punkt. [...] Wir sind eingebunden eigentlich in nationale Netzwerke, und auch internationale Netzwerke spielen da auch eine recht große Rolle, weil wir dort auch recht aktiv sind in dem Sinne, dass wir versuchen, auch eine Kommune als so genannten „Thinktank", also Denkfabrik, zu verstehen und auch zu entwickeln. Das heißt, wenn man an vorderster Front mitarbeiten will, auch im Bereich Innovationsentwicklung, Einführung von neuen Techniken, von neuen Standards, dann hat man diese Netzwerke, ist in diese auch eingebunden und dann kennt man auch die Partner, die Erfahrungen im einen oder anderen Bereich gemacht haben. Und häufig greift man auf diese Erfahrungen dann auch zurück und kann dann auch anhand der Umsetzungsprobleme relativ schnell sich ein eigenes Bild schaffen, ob das ein Partner sein könnte oder nicht. Eine Garantie hat man natürlich nie."

Für diejenigen, die mit dem öffentlichen Dienst nicht vertraut sind, mag es zunächst überraschend sein: Behörden, auch Gemeindeverwaltungen, sind in nationale und internationale Netzwerke eingebunden. Aber halten wir uns vor Augen: Institutionen wie der Deutsche Städtetag, die Kommunale Gemeinschaftsstelle für Verwaltungsmanagement, die Vereinigung der kommunalen Arbeitgeberverbände, der Verband Kommunaler Unternehmen, das Deutsche Institut für Urbanistik, die Fachhochschule des Bundes für öffentliche Verwaltung, die Deutsche Hochschule für Verwaltungswissenschaften u.a. organisieren regelmäßig Veranstaltungen, auf denen Bürgermeister und andere Vertreter des öffentlichen Dienstes sich kennenlernen, austauschen und anschließend in Kontakt bleiben können. Die noch stärker themenbezogenen Verbände, z. B. für Schule und Bildung, Kultur, Soziales und Gesundheit, Stadtentwicklung, Verkehr und Umwelt usw. erhöhen die Anzahl der Austauschmöglichkeiten zusätzlich. Auf internationaler Ebene gibt es den Rat der Gemeinden und Regionen Europas und die United Cities and Local Governments als Verbände, die den Austausch unter Kommunal- und Landesmitarbeitern des öffentlichen Diensts über Ländergrenzen hinweg ermöglichen. Dass informelle Weiterempfehlungen unter Vertretern des öffentlichen Diensts damit ein wichtiger Mechanismus sind, wie Angebot und Nachfrage zueinander finden, kann daher nicht überraschend sein. So sagt beispielsweise der Leiter Personalentwicklung eines öffentlichen Wohlfahrtsverbands:

„Und das kriege ich nicht durch Broschüren und Rankings und was weiß ich raus, sondern – das ist ein bisschen altertümlich, aber das ist so – das kriege ich durch Empfehlungen raus. Wenn jemand mit einem Berater eine gute Erfahrung gemacht hat und sagt: ‚Der ist so und so, guckt Euch den mal an, der könnte auch zu Euch passen', dann ist das entscheidender als irgendsoein Ranking oder sonst irgendwas. Weil gerade für unseren Bereich ist es auch entscheidend, dass diese Berater verstehen, dass wir eben anders ticken als ein normales Dienstleistungsunternehmen."

Interessant an dieser Aussage ist nicht nur die Bestätigung von Weiterempfehlungen als informellem Marktmechanismus, sondern auch, dass es dem Leiter Personalentwicklung offenbar ein wenig unangenehm ist, diesen Marktmechanismus als solchen zu benennen. Er kennzeichnet ihn als „ein bisschen altertümlich". Der personenbezogene Charakter einer Kunde-Berater-Beziehung, bzw. die Tatsache, dass nicht eine Institution, sondern eine Person empfohlen wird, widerspricht dem im zweiten Kapitel vorgestellten Bürokratieprinzip der Unpersönlichkeit einer Leistungserbringung. Während in der Privatwirtschaft Vertrauensbeziehungen und Weiterempfehlungen unter Geschäftspartnern als „business as usual" gelten, bestehen im öffentlichen Dienst Vorbehalte gegenüber solchen informellen, auf die Person abstellenden Mechanismen. Deutlich gemacht wird dies auch von einer Referatsleiterin in der Abteilung Verwaltungsreformen in der Staatskanzlei eines Bundeslands:

> „Die alleinige Weiterempfehlungen durch Kollegen darf formal keine Rolle spielen, weil es ganz strikte Ausschreibungsregeln gibt. Aber natürlich, wenn man jetzt bei den Kollegen in [einem anderen Bundesland; d.Verf.] anruft und fragt, dann kommt man vielleicht auf spezielle fachliche Fragestellungen, die man dann im Ausschreibungsverfahren mit dem Berater klären muss: Ist er in der Lage, bestimmte fachliche Fragestellungen zu beantworten oder eher nicht? Das ist ja dann wieder ein ganz legitimes Kriterium, um jemandem einen Zuschlag zu geben oder nicht. Aber so ein Ausschreibungsverfahren muss einen ja auch in die Lage versetzen, die richtigen Fragen zu stellen. Und um die richtigen Fragen zu stellen, ist so ein Netzwerk sicherlich ganz hilfreich. Aber allein eine Weiterempfehlung, das darf überhaupt keine Rolle spielen."

Was in dieser Aussage durchkommt, ist nichts anderes als das in Kapitel 2.3 erläuterte Ethos der Verfahrensmäßigkeit, das die Führungskräfte des öffentlichen Diensts kennzeichnet. In diesem Ethos fühlen sie sich durch Weiterempfehlungen, auch durch negative Mund-zu-Mund-Propaganda, immer wieder herausgefordert. Die Führungskraft im öffentlichen Dienst versucht sich also ein Gesamturteil zu bilden, in dem die Verfahrensmäßigkeit bei der Beraterauswahl zwar eingehalten wird, informelle Mechanismen jedoch stets mehr oder weniger stark ins Gesamtbild einfließen. Der Leiter einer Stabsstelle für die Modernisierung der Justizverwaltung, ein Oberstaatsanwalt, kennzeichnet den Widerspruch folgendermaßen:

> d.Verf.: „Also, wenn sie jetzt wie gesagt drei Unternehmen in der engeren Auswahl haben, und dann treffen Sie einen Kollegen aus dem Finanzministerium und der erzählt Ihnen, die Berater von [Firmenname], die waren nix. Und jetzt ist das aber einer von den dreien, die auf dem Papier ganz gut ausgesehen haben. Dürfte so etwas eine Rolle spielen?"

> „Nein, das dürfte keine Rolle spielen. Also das muss dann schon orientiert an den Sachkriterien, die in der Ausschreibung stehen, ausgewertet werden. Dass so etwas natürlich immer subtil eine Rolle spielt, kann ich Ihnen an einem Beispiel erzählen: Dass Unternehmensberater von Unternehmen [gemeint: von anderen Unternehmensberatungen], die wir hier hatten, immer gesagt haben: ‚Oh die, die den großen Auftrag im Land [Bundesland] haben, ah, das sind die Geldschinder, die kommen immer nur mit Berufsanfängern, die nichts können und hin und her.' Und nach meiner Einschätzung und Erfahrung ist das das beste Unternehmen von denen, mit denen ich bis jetzt zusammengearbeitet habe. Also, man lässt sich da schon erst mal leiten und ist kritisch und dann habe ich für mich das Gegenteil festgestellt."

Zusammenfassend lässt sich festhalten, dass bei der ex-ante Bewertung von Beratungsqualität auch die öffentliche Verwaltung auf Ersatzkriterien zurückgreifen muss: Es zählen Ruf, vergangene Erfahrungen in Form von Referenzen und Weiterempfehlungen sowie der persönliche Eindruck. Alle Gesprächspartner betonen die Besonderheit der öffentlichen Verwaltung im Vergleich zur Privatwirtschaft und verlangen daher Referenzen aus der öffentlichen Verwaltung sowie sozial kompetente Berater, die sich den ungewohnten Gegebenheiten anzupassen gewusst haben. Informelle Weiterempfehlungen, auch negative Mund-zu-Mund-Propaganda, werden neben formellen Referenzen in ein Gesamtbild eingefügt oder führen gar dazu, dass bestimmte Berater oder Beratungsunternehmen erst eingeladen oder berücksichtigt werden. Im Vergleich zur Privatwirtschaft gibt es im öffentlichen Dienst jedoch die Verpflichtung zur Ausschreibung, der Markt ist damit weniger durch bestehende Vertrauensbeziehungen gekennzeichnet, und es gibt im öffentlichen Dienst ein stärkeres Berufsethos der Verfahrensmäßigkeit. Ein solches Berufsethos wird gelegentlich auch gebrochen, wie im o. g. Fall der Stückelung der Aufträge der Bundesanstalt für Arbeit, jedoch kann davon ausgegangen werden, dass dies Ausnahmefälle darstellen. Das Ethos sorgt dafür, dass Mund-zu-Mund-Propaganda einen schwächeren, jedoch immer noch wirksamen Marktmechanismus darstellt als in der Privatwirtschaft. Selbst wenn die Auftraggeber sich möglicherweise nicht immer getreu der Buchstaben der VOF verhalten, so handeln sie in Anbetracht der Schwierigkeit der Qualitätsantizipation jedoch *im Sinne* der VOF, wenn sie Beratungsaufträge an Firmen vergeben, von denen sie die bestmögliche Leistung aufgrund von vergangener Zusammenarbeit oder Kollegenempfehlung erwarten.

4.4　Marketing und Markteintritt von Unternehmensberatungen

Die Ausführungen in den Abschnitten 4.1 bis 4.3 legen nahe, dass das Beratungssegment öffentlicher Dienst von erheblichen Markteintrittsbarrieren für Unternehmensberatungen gekennzeichnet ist. Aufträge oberhalb von € 206.000 werden in einem formellen Auswahlverfahren vergeben und allein die Vorbereitung darauf und Teilnahme ist mit erheblichen Kosten verbunden. Die öffentliche Reputation, oft verbunden mit der Größe der Beratung im Sinne öffentlicher Sichtbarkeit und Medienpräsenz, macht es für Beratungen unterhalb einer kritischen Größe sehr schwer, in diesem Marktsegment Fuß zu fassen. Selbst für die großen Beratungen gilt es, Referenzen vorzuweisen, die zeigen, dass man bereits Projekte im öffentlichen Dienst erfolgreich abgeschlossen hat, und man muss Berater vorhalten, die als Individuen Erfahrungen mit dem öffentlichen Dienst haben und nicht anders gebunden sind. Kein Zweifel also, die Markteintrittsbarrieren sind sehr hoch.

Wie kann ein Markteintritt gelingen? Um überhaupt Präsenz zu zeigen und ein Thema besetzen zu können, ist es für Beratungen zunächst nahe liegend, Beiträge in Fachmagazinen zu schreiben, Seminare oder kleine Konferenzen zu einem Fachthema zu organisieren oder Studien zu veröffentlichen. Mit Studien und Beiträgen zu Fachmagazinen kann man Fachkompetenz signalisieren; mit Konferenzen oder Seminaren zu einem spezifischen

Thema kann darüber hinaus ein persönliches Kennenlernen stattfinden. Im Prinzip ist dies der richtige Ansatz. In der Tat werden die relevanten Fachzeitschriften von den Führungskräften der öffentlichen Verwaltung gelesen und Anregungen daraus entnommen, wie die folgenden Aussagen zeigen:

> Leiter einer Stabsstelle für die Modernisierung der Justizverwaltung eines Bundeslands:
>
> „Ja. Sowohl Magazine, mit denen werden wir beglückt, als auch ja, Veranstaltungen, Kongresse, von einzelnen Unternehmen, die besuchen wir zum Teil auch. Um einfach mal zu gucken: Was denken die so? [...] Ich finde es allerdings sehr nützlich."
>
> d.Verf.: „Schon?"
>
> „Ja, ich finde das sehr nützlich. Ich muss ja dann nichts bei denen [den Beratern, d.Verf.] kaufen."
>
> Beauftragter für die Einführung neuer Steuerungsinstrumente im Kultusministerium eines Bundeslands:
>
> „Ja. Da gibt es eine Konferenz zum Controlling, das Handelsblatt macht auch so etwas, dann gibt es noch vom Bund so etwas. Magazine, Bücher...? Da gibt es jede Menge – soll ich mal den Schrank aufmachen? [Geht zum Schrank, öffnet diesen und zeigt einige Bücher zum Management der öffentlichen Verwaltung]. Sonst haben wir von Unternehmensberatungen eigentlich nichts. Aber klar, so Artikel; die schreiben ja überall, so in ‚Verwaltung heute' oder so."

An Schriftwerken zum Management öffentlicher Verwaltungen mangelt es offenbar nicht, und zumindest die Fachzeitschriften werden gelesen, auch Konferenzen zu Fachthemen werden besucht. Dennoch schwingt in den obigen Aussagen eine Ambiguität mit, ein Hauch von Ironie, z. B. wenn der eine sagt „Ich muss ja dann nichts bei denen kaufen" oder der andere „Aber klar, so Artikel; die schreiben ja überall." In Anbetracht dieser Ambiguität stellt sich die Frage, ob Konferenzen oder Veröffentlichungen von Unternehmensberatern nicht nur zur Kenntnis genommen werden, sondern auch einen tatsächlichen Mechanismus darstellen, Angebot und Nachfrage zusammenzubringen. Auf die Frage, ob die oben genannten Aspekte relevant wären für die Auftragsvergabe, stellt der eben zitierte Beauftragte für die Einführung neuer Steuerungsinstrumente im Kultusministerium eines Bundeslands richtig:

> „Nein. Da gibt es so ein andere Zeitschrift, ‚VOP' oder so, die ist schon immer praxisorientiert und da ist immer ein Unternehmensberater und einer aus der Verwaltung und die schreiben ihre Artikel. Das ist interessant und gibt auch Anregungen, aber... [Pause, Neuansatz]... Ist interessant und gibt Anregungen. Ich glaube nicht, dass wenn man in einer kleineren Behörde ist und überlegt ‚Haben die Erfahrungen...?', da würde man dann... [Nachdenken]... aber ich glaube nicht."

Die Gesprächspartner entnehmen den Magazinen und sonstigen Unterlagen Anregungen und halten diese für nützlich, um die aktuellen Entwicklungen im Auge zu behalten. Jedoch durchzieht die Gespräche bei der Frage nach Veröffentlichungen oder Konferenzen als Marktmechanismus eine gewisse Unschlüssigkeit. Der Leiter eines Finanzamts einer Stadt mit 200.000 Einwohnern sagt, er erhalte immer wieder schriftliche Angebote und Werbematerialien von Beratungen zu konkreten Projekten. Dies sei manchmal ein klassisches Eigentor der Beratungen, da sie damit zu erkennen gäben, dass sie sich mit dem Haushaltsrecht eines Finanzamtes nicht auskennen. Dieses räume dem Amtsvorsteher gar kein eigenes Budget ein, das er für solche Projekte verwenden könnte, selbst wenn er wollte. Die Reserviertheit gegenüber derartigen Marketingmaßnahmen von Beratern kommt auch in den folgenden Aussagen zum Ausdruck:

Leiter des Baureferats im Finanzministerium eines Bundeslands:

„Ich glaube, [Name einer großen Unternehmensberatung] macht jährlich ein Seminar in Berlin, zu dem also die öffentliche Verwaltung eingeladen wird. Es gibt da Schriften dazu, also ein vielfältiges Angebot. Ich persönlich habe bisher wenig davon gelesen, ich gehe auch nicht zu solchen Seminaren hin. Wir haben unseren Teil abgearbeitet und haben keine Zeit, zwei bis drei Tage auf einer derartigen Veranstaltung zu verbringen. Wer aber hier neu ist, der kann schon schöpfen aus diesen Berichten, derartigen Seminaren oder Kongressen, die veranstaltet werden. Könnte hilfreich sein."

Leiter eines großen beruflichen Schulzentrums sowie Vorstandsmitglied eines Berufsverbands für Lehrer:

„Ich habe das eine oder andere Mal an Konferenzen teilnehmen dürfen, ich habe das eine oder andere Buch gelesen im Rahmen der Neuen Steuerungsinstrumente und ich denke, ja das gibt es. Ich habe teilgenommen und gelesen. Ich möchte da kein Urteil abgeben."

Wir können festhalten: Fragen nach der Wirksamkeit von Fachkonferenzen, die von Beratungen organisiert werden, oder nach Artikeln von Beratern in Fachzeitschriften werden von Führungskräften der öffentlichen Verwaltung mit Distanz und Ambiguität beantwortet. Sie profitieren insofern davon, als sie Anregungen bekommen, sich auf dem Stand der Diskussion halten und Vergleiche zu anderen Institutionen ziehen können. Jedoch zeigt die Unschlüssigkeit, dass weder Fachkonferenzen noch Fachpublikationen einen zwingenden Mechanismus zur Projektvergabe darstellen. Aus Sicht einer Unternehmensberatung stellt sich somit die Frage, ob solche Aktivitäten eine sinnvolle Investition von Zeit und Geld sind.

Was sind demgegenüber wirksame Marketingmaßnahmen, mit denen die hohen Markteintrittsbarrieren überwunden werden können? Drei Beispiele wurden von den Führungskräften der öffentlichen Verwaltung genannt: Das Anbieten eines kostenlosen Vorprojekts, die Veranstaltung kostenloser Fachvorträge nach Feierabend vor Ort sowie das Anheuern von ehemaligen Mitarbeitern der öffentlichen Verwaltung und deren Darstellung in Marketingmaßnahmen. Ein Gesprächspartner berichtet von einer Beratung, die einem Ministerium zunächst 100 Beratertage kostenlos angeboten hatte:

d.Verf.: „Sie sagten eben, „Fachkompetenz" sei ein Vergabekriterium. Wie stellen Sie diese Kompetenz fest: auf Basis der Präsentationen bzw. Konzeptvorstellung oder...?"

Teilbereichsleiter der Stabsstelle für Verwaltungsmodernisierung im Innenministerium eines Bundeslands:

„Nein, auf Grundlage der Referenzen. Wenn jemand noch nie in der Verwaltung war, dann würde er sich sehr schwer tun, in die Verwaltung reinzukommen. Beispielsweise hatte die Firma [Name einer mittelgroßen Unternehmensberatung] sogar hundert kostenlose Beratertage angeboten, um einfach die Verwaltung kennen zu lernen und reinzukommen. Diese hat dann mit ihrem Wissen Folgeaufträge bekommen, die bezahlt wurden. Das ist so eine Referenz, das meinte ich damit."

Einhundert Beratertage entsprechen einem einmonatigen Einsatz eines fünfköpfigen Teams oder zweieinhalb Monaten eines Zweierteams. Natürlich ist dies eine erhebliche Investition, insbesondere wenn man ein für eine mittelgroße Beratung branchenübliches Beraterhonorar von ca. € 1.500/Tag zugrundelegt. Diese Marketingmaßnahme ist damit als außergewöhnlich zu bezeichnen. Zu bedenken ist aber, dass hier womöglich ungenutzte Ressourcen (unterbeschäftigte Berater) zum Einsatz gekommen sind und die marginalen Kosten für das kostenlose Projekt oder Vorprojekt damit gering waren. Die Investition muss des Weiteren in Relation gesehen werden zum Aufwand, der mit dem Verfassen von Fachartikeln oder zur Ausarbeitung eines schriftlichen Angebots verbunden ist, denn dieser kann ebenfalls mehrere Dutzend Personentage in Anspruch nehmen. Für eine kleinere oder verwaltungsunerfahrene Beratung kann das Anbieten eines kostenlosen Vorprojekts also der einzige Weg sein, einen Fuß in die Tür der öffentlichen Verwaltung zu bekommen. Ökonomisch betrachtet handelt es sich um einen direkten Weg zur Verminderung der Qualitätsungewissheit des potenziellen Auftraggebers: Die Dienstleistungsqualität wird nicht durch Hilfsmittel zu signalisieren versucht, sondern konkret erbracht.

Der zweite erfolgreiche Ansatz wird vom Beauftragten für die Einführung neuer Steuerungsinstrumente im Kultusministerium eines Bundeslands berichtet:

„Jetzt komme ich wieder auf [Name eines Beratungsunternehmens] zurück. Die machen kostenlose Fachvorträge. Also einmal im Monat von 16 Uhr bis 18 Uhr kommt ein Berater und berichtet aus der Praxis anderthalb Stunden und danach gibt es Häppchen und Getränke, so dass dann jeder kommt. Das war eigentlich mein Einstieg bei [Name des Beratungsunternehmens], dadurch habe ich die kennen gelernt, weil, das Fachwissen interessierte mich. Das waren dann Themen, also Prozesskostenrechnung oder so was. Das war dann was anderes, wenn man die Leute sieht und dann auch mit Praktikern sitzt. Dadurch habe ich sie kennen gelernt, die Beratung. Und als die dann im Rahmen des Projekts von Landesseite eingekauft wurden, das war dann schon gut."

d.Verf.: „Das passt ja ganz gut zu meiner vorherigen Frage [Wie lernen Sie Berater kennen? d.Verf.] ..."

„Wenn Sie hier sagen: „Studien, Bücher, Magazine" – das ist alles schriftlich, da kann man eine Idee bekommen. Aber die Seminare sind zu teuer, die kann sich nicht jeder leisten. Das, was die [gemeint ist das oben angesprochen Beratungsunternehmen, d.Verf.] da bieten, letztendlich ist es ein Seminar, aber es ist halt kostenlos – und es ist mit Häppchen und nach der Arbeit. Es ist letztendlich eine kostenlose Fortbildung, die auch nach der Dienstzeit und vor dem Abendprogramm läuft. Und von daher genau richtig vom Zeitfenster her. Das ist zielgruppenorientiert."

Für eine Führungskraft in der Privatwirtschaft oder einen Unternehmensberater dürfte an dieser Aussage zunächst einmal zum Schmunzeln bringen, dass „von 16 bis 18 Uhr" die Zeit „nach der Arbeit" bedeute. Aber lassen wir diese üblichen Hakeleien zwischen Privatwirtschaft und öffentlicher Verwaltung außen vor. Das beschriebene Beratungsunternehmen hat erkannt, dass eine neue Zielgruppe anders angesprochen werden muss als Kundenkreise in der Privatwirtschaft. Der entscheidende Dreh ist, einen Fachvortrag *vor Ort* anzubieten, also auf den Kunden buchstäblich zuzugehen. Auch das für Berater eher triviale Bieten von Häppchen und Getränken scheint eine Rolle zu spielen. Der Beamte fühlt sich einmal nicht gescholten von der Wirtschaft, sondern umworben. Zugleich kann er sein Fachwissen erweitern, und das in einem Ambiente, das ihm keinen zusätzlichen Aufwand mit Reiseantrag, Reisekostenabrechnung, eigene Kostenbeteiligung etc. bereitet. Entsprechend der oben erarbeiteten Ergebnisse, dass es die Person des Beraters ist, die zählt, stellen sich die Berater hier auch als Personen vor. Darüber hinaus scheint ein solcher Vortrag von Seiten der Beratung kein einmaliger Vorgang zu sein, sondern wird wiederholt mit unterschiedlichen Themen durchgeführt. Man bemüht sich um eine dauerhafte Beziehung und ist bereit, Ressourcen in diese zu investieren.

Die dritte erfolgreiche Maßnahme zum Markteintritt wird vom Referatsleiter für Projekt- und Prozessorganisation in einer obersten Landesbehörde genannt:

„Es gibt aber auch den Fall, dass die Firma [Name einer großen IT-Beratung] in gehobenen Positionen aus der öffentlichen Verwaltung Kräfte eingekauft und angestellt hat. Die verstehen natürlich die Denkansätze der öffentlichen Verwaltung in einem viel intensiveren Maße als es die Berater verstehen, die eben frisch von der Hochschule eingekauft wurden oder bislang nur in der Wirtschaft eingesetzt wurden. Für die Verwaltung ist es natürlich angenehmer, wenn man sich von den Beratern besser verstanden fühlt. Es gibt Unternehmensberatungen, die haben offensichtlich viele Kräfte aus der Verwaltung übernommen, und es gibt aber auch Unternehmensberatungen, die das überhaupt nicht haben, und da fühlt sich natürlich der Mitarbeiter oder die Mitarbeiterin wenig verstanden. [...] Für mich persönlich wäre es wichtig, wenn ich das frei zu vergeben hätte, dass ich bei dem Consultant merke, dass er erstens Fach-Know-how mitbringt, und dass er auch die öffentliche Verwaltung versteht. Da gibt es Beratungen, die tun das, die habe ich zum Teil auch schon genannt, die bringen zum Teil dann auch Personal mit, das aus der öffentlichen Verwaltung rekrutiert wurde, es gibt aber auch Unternehmensberatungen, bei denen das überhaupt nicht der Fall ist."

Wie in den vorangegangenen Abschnitten herausgearbeitet, ist es in der öffentlichen Verwaltung üblich, sich als grundsätzlich andersartig als die Privatwirtschaft zu verstehen. In vielen Fällen hat man negative Erfahrungen mit Beratern gemacht, die vorher nie Projekte in der öffentlichen Verwaltung bearbeitet hatten. Berater sind nur dann akzeptiert, wenn sie spezifisches Know-how für den öffentlichen Dienst mitbringen. Bei denjenigen, die früher in der öffentlichen Verwaltung gearbeitet haben, ist dieses implizite Wissen natürlich in besonderem Maße vorhanden. Für den Markteintritt von Beratungen heißt dies, dass das Anheuern von Führungskräften des öffentlichen Dienstes den entscheidenden Schritt bedeuten kann. Selbstverständlich muss dies im Marketing hervorgehoben werden.

Das Anheuern von Führungskräften der öffentlichen Verwaltung dürfte dabei für Unternehmensberatungen nicht einfach sein. Zwar wird das Jahresgehalt des öffentlichen Diensts von einer Unternehmensberatung leicht zu überbieten sein. Auch wenn die Pensionsansprüche, die je nach Alter bzw. Dienstzugehörigkeit 40 % des Jahresgehalts ausmachen können, hinzugerechnet werden, wird ein attraktives Gehalt geboten werden können. Zusätzlich muss auch der Verlust von Arbeitsplatzsicherheit eingepreist werden.[15] Hier wird eine Unternehmensberatung einen erheblichen Aufschlag zahlen müssen bzw. grundsätzlich nur risikobereite Mitarbeiter des öffentlichen Diensts anheuern können. Zu hoffen ist von Seiten der Beratung, dass diese neuen Mitarbeiter dann auch in Projekten in der Privatwirtschaft einsetzbar sind, wenn man nicht mit einer kontinuierlichen Auftragslage aus dem öffentlichen Dienst rechnen kann.

Zusammenfassend können wir festhalten: Um die hohen Markteintrittsbarrieren zu überwinden, kann die Veröffentlichung von Artikeln in Fachzeitschriften einer Unternehmensberatungen eine gewisse Sichtbarkeit erzeugen und die Veranstaltung von Fachkonferenzen oder -seminaren erste Kontakte einbringen. In die Nähe eines Zuschlags rückt dies eine Unternehmensberatung jedoch noch nicht, sondern es müssen darüber hinaus Maßnahmen ergriffen werden. Die obigen drei Beispiele – Anheuern von Führungskräften aus dem öffentlichen Dienst, Veranstaltung von Fachvorträgen bei der Behörde vor Ort sowie kostenlose Vorprojekte – stellen Möglichkeiten dar, einem Projektauftrag deutlich näher zu rücken. Dennoch bleibt auch hier: Schon für mittelgroße Aufträge muss eine Ausschreibung erfolgen und die Führungskräfte des öffentlichen Diensts fühlen sich der Verfahrensmäßigkeit, in diesem Fall der möglichst objektiven Prüfung von Alternativen, stark verpflichtet.

---

[15]   Insbesondere mit dem Up-or-out-System ist die Arbeitssicherheit bei angloamerikanisch geprägten Unternehmensberatungen deutlich geringer als beim Weberschen „Beamten auf Lebenszeit".

5 „Das Projekt" und die Zusammenarbeit mit Beratern

5.1 Offizielle und inoffizielle Funktionen von Beratern

Mit dem Begriff „Funktionen" von Beratern bezeichnen wir Wirkungen, die durch Auftraggeber beim Einsatz von Beratern offiziell oder inoffiziell erzielt werden sollen. Zu den offiziellen Funktionen gehören klassischerweise Wissenstransfer, Innovationssteigerung, Effizienzzunahme und Erstellen von Analysen zur Entscheidungsvorbereitung. Die inoffiziellen Funktionen sind per Definition solche, die allenfalls hinter vorgehaltener Hand genannt werden. Zu ihnen können z. B. die Legitimierung oder Durchsetzung von Entscheidungen gehören oder gar die Interessendurchsetzung für einen Auftraggeber durch Kommunikation und Mikropolitik (vgl. Vocino et al. 1979, Rosenblum und McGillis 1979, Schade 1997, Kieser 1998, Ernst 2002). Die offiziellen und inoffiziellen Funktionen sind oft miteinander verwoben; nicht nur rhetorisch, sondern auch faktisch. Offizielle Funktionen werden auch dann artikuliert, wenn es in Wirklichkeit um inoffizielle geht, aber oft sind Entscheidungsvorbereitung und Entscheidungslegitimierung, also inoffizielle und offizielle Funktionen, zwei Seiten derselben Medaille und kaum voneinander trennbar. Auch die unartikulierten Funktionen von Beratern in Kundenorganisationen zu verstehen, ist daher zentral für das Verständnis von Beraterrollen und Projektabläufen.

Im Vergleich zur Fragebogen-basierten, quantitativen Forschung bieten Gespräche mit Beteiligten die Möglichkeit, durch Lesen zwischen den Zeilen und Nachhaken bei einzelnen Sätzen oder Nebensätzen die inoffiziellen Funktionen von Beratungsaufträgen näher zu ergründen. Das bedeutet nicht, dass man den Dingen immer gänzlich auf den Grund gehen kann, denn in der Regel können für Gespräche mit Wissenschaftlern nur ein bis drei Stunden Gesprächszeit eingeräumt werden. Nicht nur die begrenzte Zeit eines Gesprächs, sondern auch das Vertrauen, das zwischen dem Gesprächspartner und dem befragenden Wissenschaftler aufgebaut wird, entscheidet darüber, wie stark man inoffizielle Funktionen ergründen kann. Darüber hinaus handelt es sich bei Gesprächen mit Beteiligten nicht um teilnehmende Beobachtung; das Gesagte kann also nicht durch ein eigenes Bild des Wissenschaftlers überprüft werden. Innerhalb dieser Grenzen können in Gesprächen jedoch besonders dann auch inoffizielle Funktionen thematisiert werden, je stärker der Wissenschaftler mit den inoffiziellen Funktionen vertraut ist und dieses Wissen ins Gespräch einfließen lässt. Der Gesprächspartner fühlt sich damit verstanden und öffnet sich weiter, als wenn er sich unverstanden fühlte oder den Wissenschaftler bezüglich inoffizieller Funktionen für naiv hielte.

Klar ist, dass die offiziellen Funktionen im Gespräch zumindest anfangs im Vordergrund stehen. Dies liegt zum einen daran, dass zum befragenden Wissenschaftler erst im Laufe des Gesprächs Vertrauen gefasst werden kann, zum anderen können die offiziellen Funktionen tatsächlich an erster Stelle stehen, auch wenn kritische Stimmen die inoffiziellen Funktionen gelegentlich besonders betonen. Auch in unseren Gesprächen dominiert auf Berater- wie auf Verwaltungsseite zunächst die Einschätzung, dass eine temporäre Erhöhung von Arbeitskapazität und analytischer Kompetenz, also offizielle Funktionen, die entscheidenden Gründe für die Konsultation von Beratern seien. Die folgenden Aussagen von Beratern und Führungskräften der Verwaltung sind typisch:

Referatsleiter Projektgruppe Verwaltungsreformen in der Staatskanzlei eines Bundeslands:

„Weil es im öffentlichen Bereich an einer gewissen Professionalität in der Projektarbeit fehlt, zum einen, und zum zweiten, weil einfach auch betriebsintern die entsprechende Manpower nicht zur Verfügung steht, wird diese Leistung quasi extern auf Zeit dazugekauft, also eine Kapazitätserweiterung."

Geschäftsführer einer mittelständischen Beratung mit Fokus auf den öffentlichen Bereich:

„Dann werden wir in der Regel dafür ausgewählt, dass wir methodisches Wissen haben und eben Projekterfahrung."

Projektleiter eGovernment einer Bundesbehörde:

„Ich glaube, ganz stark ist der Transfer von Wissen und Können in die Projekte. Dann ist es aber auch ganz einfach eine Ressourcenentlastung. Gerade bei solchen komplexen Projekten, das können auch von der Arbeitsbelastung die Behörden gar nicht selber stemmen."

Projektleiter im öffentlichen Bereich einer international führenden Strategieberatung:

„Die Projektkultur in der öffentlichen Verwaltung ist grausig. Aber das ist denen auch nicht anzuhaften, die Organisationsstruktur in der öffentlichen Verwaltung gibt das auch nicht her. Unsere Taktgeberfunktion unterstützt die internen Ressourcen, bestimmte Sachen umzusetzen und eher schnell umzusetzen als auf die lange Bank zu schieben. Wenn Sie Projekte eher langsam umsetzen, verlieren sowohl die Projekte als auch die Ziele an Kohäsion, die gehen auseinander und irgendwann explodieren sie. Da können wir sehr gut helfen, weil wir Projekte durch eine Organisation durchtreiben."

Die Berater und Führungskräfte des öffentlichen Diensts beziehen sich also zunächst auf die ökonomischen Funktionen von Beratern, die in Abschnitt 3.1 detaillierter erläutert wurden. Augenfälligerweise betonen die beiden Seiten jedoch unterschiedliche Aspekte: Die Führungskräfte der Verwaltung unterstreichen die Ressourcenentlastung, womit sie den Aspekt eines möglichen Wissensvorsprungs von Beratern implizit herunterspielen. Die Berater hingegen erwähnen vor allem ihre Methoden- und Projektkompetenz, womit sie einen möglichen Wissensvorsprung in diesem Bereich akzentuieren. Dies impliziert, dass Berater zwar einen Wissensvorsprung im methodischen Bereich bzw. im Projektmanagement für sich reklamieren, jedoch nicht im Bereich der Verwaltung selbst. Bei Methodenwissen bzw. Projektmanagement handelt es sich um klienten*unspezifisches* Wissen, in dem Unternehmensberater gegenüber Kunden einen Spezialisierungsvorteil aufweisen (siehe Abschnitt 3.1). Da gerade im öffentlichen Dienst ein ausgeprägter Kündigungsschutz und langfristige Arbeitsverhältnisse bestehen, lohnt es sich für die Verwaltung nicht, in eine Festanstellung neuer Arbeitnehmer zu investieren, wenn diese nur punktuell zum Einsatz kommen würden. Darüber hinaus ist der Einsatz von Beratern mit der Erwartung verbunden, dass Projekte schneller und gezielter realisiert werden, als es unter ausschließlichem Einsatz eigener Mitarbeiter möglich wäre. Im öffentlichen Bereich sind Routinen durch die bürokratischen Strukturen und starke Reglementierung besonders ausgeprägt. Die Aktivitäten von Beratern sind hingegen eher von der Logik und dem Ziel des organisatorischen Wandels getrieben. Berater reklamieren dementsprechend eine Taktgeber- oder Schrittmacherfunktion für sich, und diese wird von Führungskräften der Verwaltung bestätigt.

Projektleiter im öffentlichen Bereich einer international führenden Strategieberatung:

„Erstmal würde alles sehr viel langsamer gehen [ohne Berater; d.Verf.], weil kein Druck auf dem Kessel ist. […] Projekte im öffentlichen Bereich, das ist immer, was die Leute on top [zusätzlich zum Tagesgeschäft; d.Verf.] machen. Die verstehen sich immer als Tagesgeschäftserlediger und nebenher machen wir noch ein Projekt, weil anscheinend ist das so, dass man auch Projekte machen muss. Deswegen ist es für die Verwaltung immer Prio [Priorität] zwei. Deswegen muss es immer jemanden geben, der sie zwingt, das Prio-eins-mäßig zu behandeln. […] Da braucht man einen Berater, der anruft und sagt, ich will heute ein Meeting, […] und ich will übermorgen eine Entscheidung. Dann ist die Wahrscheinlichkeit, dass das passiert, erstmal deutlich höher, als wenn Sie das der Verwaltung selbst überlassen […]. Das machen die einfach nicht, so funktioniert Verwaltung nicht. D. h. wir machen diesen gesamten Prozess schneller, effektiver und effizienter."

Referatsleiter in der Abteilung Verwaltungsreformen in der Staatskanzlei eines Bundeslands:

„Die Berater haben neben der angesprochenen Wissensvermittlung auch die Rolle, einen ganz engen Termin- und Zeitplan bei der Umsetzung von Projekten einzuhalten. Sie sind verantwortlich für die Einhaltung dieser Termine und der Ergebnisse und haben daher die Rolle, immer wieder das Projekt nach vorne zu treiben und immer wieder darauf aufmerksam zu machen, was sie jetzt wieder benötigen, um weiterzukommen, wo die Verwaltung wieder zuarbeiten muss. Also sie sind ganz, ganz starke Projekttreiber."

Erweiterung der manpower, Professionalisierung des Projektmanagements, Taktgeber bei zusätzlichen Prozessen sowie Ergebnisorientierung sind also die von beiden Seiten definierten und offen ausgesprochenen Beraterfunktionen. Ähnlich offen wird mit dem Wissenstransfer von der Privatwirtschaft zum öffentlichen Dienst umgegangen, auch wenn es dabei immer Grenzen gibt, worauf wir in Abschnitt 5.2 näher eingehen werden.

Kommen wir nun zu den inoffiziellen Funktionen. In den Abschnitten 3.2 und 3.3 wurde angesprochen, dass Berater die Analytik und damit Objektivität nicht nur faktisch einbringen, sondern auch symbolisieren. Insbesondere die großen, internationalen Unternehmensberatungen stehen für zahlen- statt meinungsgetriebene Stellungnahmen sowie Neutralität in politischen Konstellationen. Sie übernehmen die Rolle von „Rationalitätszertifizierern" und signalisieren den Stakeholdern der Verwaltung, dass rationales Expertenwissen zum Einsatz kommt. Sicherlich nicht überraschend sind es in erster Linie Berater, die über diese Funktion sprechen:

> Projektleiter im öffentlichen Bereich einer international führenden Strategieberatung:
>
> „Dann kann man wahrscheinlich nicht ganz von der Hand weisen, dass man bestimmte Dinge besser verkaufen kann innerhalb der Verwaltung, wenn wir da Empfehlungen ausgesprochen haben."
>
> Anderer Projektleiter im öffentlichen Bereich einer weiteren, international führenden Strategieberatung:
>
> „Per se kriegen Berater über eine Art externe Legitimation schneller Sachen erledigt. Zum Teil ist es so, dass man eine externe Legitimation braucht, um bestimmte Entscheidungen vorzubereiten, wobei das, abhängig von der Beratung, unterschiedlich gespielt wird. Das heißt, wir würden jetzt nicht extern eine Entscheidung beeinflussen, wo wir nicht dahinter stehen, das wäre unserem guten Namen nicht so zuträglich. Ich nenne es mal eher eine externe Gutachterfunktion. Das ist für den öffentlichen Bereich treffender."

Es fällt auf, dass der letztzitierte Berater auch nach seinen Ausführungen über die inoffizielle Aufgabe noch den Begriff „Gutachterfunktion" verwendet. Die Verwendung eines Neutralität betonenden Begriffs hilft offenbar, um die Stärken der Externalität tatsächlich einsetzen zu können. Im eigenen Lande zählt der Prophet bekanntlich nicht viel: Wenn ein Mitarbeiter des öffentlichen Dienst eine gute Idee hat, kann es gut sein, dass diese Idee sich nicht durchsetzt. Kommt ein Berater mit exakt derselben Idee, möglicherweise sogar auf Basis von Gesprächen mit Verwaltungsmitarbeitern, dann ist es wesentlich wahrscheinlicher, dass sich die Idee durchsetzt.[16] Berater beeinflussen Entscheidungen also eindeutig, jedoch nach eigener Aussage nur dann, wenn sie den empirischen Ergebnissen entsprechen und die Beratung eine Meinung empirisch gestützt sieht – bzw. „dahinter steht" wie der oben zitierte Projektleiter es ausdrückt. Deutlich wird, dass dies – also die Unterstützung einer Position eines Kundenmitarbeiters, wenn die Beratung sie empirisch gestützt sieht – nicht ohne mikropolitisches Verhalten einhergeht. Ein Senior-Berater einer internationalen Beratung mit Fokus auf Prozessoptimierung formuliert es wie folgt:

---

[16] Dieses Phänomen gilt im Übrigen genauso für die Privatwirtschaft, wie unsere Berufserfahrung im Beratungsalltag zeigt.

> d.Verf.: „Sie hatten vorhin schon mikropolitische Vorgänge in so einem Projekt ange-
> deutet. Sehen Sie da für sich die Funktion, z. B. bestimmte Aspekte eines Projekts in der
> Hierarchie nach oben hin zu verkaufen?"
>
> Senior-Berater: „Auf jeden Fall, das kommt häufig vor, dass ein Mitarbeiter sich erst
> einmal mit dem Berater zusammensetzt und fragt, wie können wir das jetzt am besten
> so präsentieren, dass auch die Vorgesetzten zustimmen."

Nicht nur Berater selbst erwähnen diesen Mechanismus:

> Leiter der Personalentwicklung eines Wohlfahrtsverbands im Prozess der Verwal-
> tungsmodernisierung:
>
> „Ich habe Unternehmensberater hier sehr unterschiedlich erlebt. Man kann die natürlich
> nehmen, um sie als Rammbock zu benutzen: Ich möchte bestimmte Entwicklungen ein-
> fach mal anstoßen, oder sie müssen schnell angestoßen werden. Dann nehme ich mir
> jemanden von außen, der das für mich macht, in gewisser Weise die Drecksarbeit für
> mich macht."

Auch von Kundenseite wird die Durchsetzungsfunktion von Beratern also angesprochen.
Ist damit die Neutralität von Beratern eine Fiktion, wie es kritische Stimmen behaupten,
bzw. lediglich eine Möglichkeit, die in dem Moment geopfert wird, in dem es um Interessendurchsetzung geht? Hören wir hierzu wiederum einen der oben zitierten Projektleiter
im öffentlichen Bereich einer international führenden Strategieberatung:

> „Wenn wir das ein bisschen aufdröseln, dann kommen natürlich so Begriffe raus wie
> Unabhängigkeit. Mir ist das halt egal, ob die das seit dreißig Jahren so machen oder
> nicht. Mir ist es auch egal, dass das Finanzministerium wichtiger ist als das Arbeitsmi-
> nisterium. Wenn der Prozess zwischen den beiden keinen Sinn macht, dann sage ich
> denen das trotzdem. […] Also ich bin jemand, der dafür sorgen kann, dass in dem Spiel
> nicht das Finanzministerium gewinnt, weil es einfach mehr Geld hat, sondern dass
> wirklich der gewinnt, der die bessere Sachkompetenz hat. Ich entscheide natürlich nicht,
> aber ich kann es zumindest hinschreiben. […] Wenn Sie jetzt noch ein Setup haben, wo
> Sie verschiedene Stakeholder drin haben, also verschiedene Ministerien oder verschie-
> dene Ämter, dann sind Sie jemand, der den unabhängigen Standpunkt noch mal in einer
> anderen Form einnehmen kann. Dann gewinnt nicht immer derjenige, der in der Regel
> gewinnt, weil er die meisten Mitarbeiter hat, oder das höchste Budget, oder eine charis-
> matische Führungsfigur. Dann gewinnt der, bei dem die Sachargumente am besten passen."

Der Berater betont hier mit Vehemenz die Möglichkeiten, die ihm die Position als Außen-
stehender ermöglicht. Selbstverständlich hat eine solche Stellungnahme eine Komponente
der Eigenwerbung. Aber kann man mit Hinweis auf mögliche Eigenwerbung dieses Beraters sein Argument gänzlich zurückweisen? Klar ist, dass Berater an Auftraggeber gebunden sind, um ein mögliches Folgeprojekt zu akquirieren. Die Versuchung ist groß, dass die
Interessen einer Person, die einen möglichen Folgeauftrag erteilen kann, stärkere Berücksichtigung finden könnten als die Interessen anderer Personen. Aber bedeutet dies, dass
die vom Berater betonte Objektivität und Neutralität bei der Lösungsentwicklung eine

Illusion ist und sich immer den Interessen eines unmittelbaren Auftraggebers unterordnet? Die Führungskräfte der Verwaltung sind sich hier uneinig:

> d.Verf.: „Und die Berater werden als neutral wahrgenommen, auch wenn sie in aller Regel von oben eingesetzt werden und einen klaren Auftraggeber haben?"
>
> Beauftragter für die Einführung neuer Steuerungsinstrumente im Kultusministeriums eines Bundeslands:
>
> „Ja schon, trotzdem. Weil sie [die Berater, d.Verf.] können ja nichts bewirken. Sie [Verwaltungsmitarbeiter] können die Berater voll auflaufen lassen oder sie [Verwaltungsmitarbeiter] können das aufnehmen, was die [Berater] sagen und dann entsprechend umsetzen. Aber dazu brauchen Sie immer die Verknüpfung der Berater in das System."
>
> Landesleiter eGovernment im Innenministerium eines Bundeslands:
>
> „Einmal die neutrale Funktion, wie die Beratung oft gesehen wird. Das heißt man glaubt, die sind neutral. Das heißt nicht, dass sie neutral sind, ganz im Gegenteil."

Die beiden Verwaltungsmitarbeiter sind hier unterschiedlicher Meinung. Gibt es auf die Frage, ob Berater nun neutral sind oder nicht, eine eindeutige Antwort? Halten wir uns dazu das Kalkül des Beraters vor Augen: Da gibt es zunächst das Ethos der datenbasierten, objektiven Analyse. Dies stellt eine Art Berufsethos dar, ähnlich dem Ethos der Verfahrensmäßigkeit im öffentlichen Dienst. Auf der anderen Seite gibt es, und jeder Berater lernt das sehr früh in seiner Beraterlaufbahn, unterschiedliche Interessen im Zusammenhang mit dem Beratungsauftrag sowie Personen mit unterschiedlichen Machtpositionen in der Kundenorganisation. Innerhalb der Beratung unterliegt ein Projektleiter oder Partner (Miteigentümer des Beratungsunternehmens) darüber hinaus dem Druck, einen Folgeauftrag zu generieren oder zumindest eine stabile Beziehung zum Kunden aufzubauen. Die Herausforderung für den Berater ist nun, diese verschiedenen Zielrichtungen zusammenzubringen. Naheliegend wäre es also, das Ethos der Objektivität nur zum Schein aufrechtzuhalten und in Wirklichkeit recht präzise das zu tun, was die mächtigste Person (in der Regel der Projektsponsor) bei der auftraggebenden Organisation möchte.

Zwei Aspekte sprechen jedoch gegen eine solche Vorgehensweise. Erstens ist es nicht ausgeschlossen, auch eine mächtige Person von einer guten Analyse und damit anderen Meinung überzeugen zu können. Hier bedarf es möglicherweise einer noch stärkeren empirischen Untermauerung eines Ergebnisses oder gar verstärkter Kommunikation mit der betreffenden Person unter vier Augen. Aber ein Widerspruch zwischen empirischen Ergebnissen und den geäußerten oder implizierten Interessen einer mächtigen Person stellen nicht zwingend einen unauflösbaren Widerspruch dar. Zweitens brächte eine allzu eilfertige Anpassung an die Interessen einer mächtigen Person lediglich einen einperiodischen Nutzen, wäre also zu kurz gedacht. Nicht nur kann auch eine mächtige Person ihre Machtposition einbüßen, sondern auch weniger mächtige Personen können den Job oder die Firma wechseln und damit in Zukunft zu potenziellen Auftraggebern werden. Diese sollte man nicht vor den Kopf stoßen, indem eilfertig die Position einer temporär mächtigeren Person unterstützt wird.[17] Die möglichst objektive Analyse – in Kombination mit einer möglichst schonenden Kommunikation mit Personen, die sich andere Ergebnisse oder Empfehlungen erhofft hatten – gehört also nicht nur zum Ethos einer Beratung, sondern ist mittelfristig auch erfolgversprechender.

Gleichwohl muss sich eine Beratung die Vertretung einer eigenen Meinung gegen mächtige Akteure oder individuelle Auftraggeber sprichwörtlich leisten können. Eine wirtschaftlich stabile Unternehmensberatung mit beständiger Auftragslage hat es leichter, eine selbst erarbeitete Position gegen andere Interessen zu verteidigen, als es eine kleine oder mittlere Beratung hat, deren Existenz von der Akquise eines Folgeauftrags abhängt. Auch hier bietet also die Größe einer Unternehmensberatung Vorteile, und zwar sowohl für das Beratungsunternehmen selbst (Reputation) als auch für das Klientenunternehmen (höhere Objektivität).

Insgesamt wird Beraterneutralität auch von Kunden eindeutig als Vorteil wahrgenommen. Selbst wenn eine Beratung eine in der Kundenorganisation bereits vorhandene Meinung vertritt oder einen internen Vorschlag aufgreift, ist der Beratereinsatz ökonomisch sinnvoll, da, wie oben beschrieben, der Prophet im eigenen Lande nichts zählt, auch wenn er Recht hat. Die Funktion von Beratern ergibt sich also weitgehend aus ihrem Status als Externe, der ihnen im Vergleich mit den Verwaltungsmitarbeitern die beschriebene Andersartigkeit verleiht. Der Landesleiter eGovernment im Innenministerium eines Bundeslands drückt es folgendermaßen aus:

> „Der Vorteil ist wirklich, die [Berater] haben andere Möglichkeiten, auch auf andere Stellen zuzugreifen. Während Sie mit Briefkopf des Ministeriums ganz andere Wirkungen erzielen, ist das [Kommunikation seitens Berater] dann mehr auf gleicher Ebene. ‚Das ist ja nur ein Berater, der kann mich auch direkt anschreiben, dem kann man auch mal direkt eine Antwort geben, der muss diese formalen Dienstwege nicht einhalten.' Insofern erleichtert es auch den Umgang miteinander, weil es eben nicht an die starren Regeln der Verwaltung und deren Abläufe gebunden ist. Diese beiden Dinge haben wir dann bei uns genutzt."

Wir fassen zusammen: Der Einsatz von Beratern hat sowohl klar artikulierte als auch nicht oder nur hinter vorgehaltener Hand artikulierte Funktionen. Beide sind mit der intendierten Objektivität und Neutralität von Beratern gegenüber Kundenorganisationen verknüpft. Die Auftragskonstellation und das Machtgefälle in Verwaltungen stellen für Berater immer wieder Herausforderungen an ihre Objektivität dar, jedoch können ein Abrücken von diesem Ethos und die Unterstützung einer empirisch nicht gestützten, mächtigen Meinung

---

[17] Zuguterletzt müssen auch Beratungsunternehmen damit rechnen, dass Mitarbeiter früher oder später das Unternehmen verlassen und ihre Erfahrungen mit einer breiteren Öffentlichkeit teilen. Ein ausgestiegener Berater, der ausschließlich von Gefälligkeitsgutachen ohne Faktenbasis zu berichten hätte, wäre wahrlich keine gute Werbung für seinen früheren Arbeitgeber.

mittelfristig negative Konsequenzen für die Beratung haben. Für die Führungskräfte der Verwaltung gilt es, die Berater sowohl beim Erarbeiten einer unabhängigen Lösung als auch bei deren Dienstweg-ungebundener Kommunikation zu unterstützen, da dies die Nachteile der bürokratischen Organisation temporär überwinden kann.

5.2   Übertragungen aus der Privatwirtschaft: rechtliche und strukturelle Grenzen

Widmen wir uns nun einer von allen Beteiligten klar artikulierten Funktion von Unternehmensberatung im öffentlichen Dienst, der Übertragung von Kompetenzen und Managementkonzepten aus der Privatwirtschaft. Im vorangegangenen Abschnitt wurde deutlich, dass Berater besonders für ihr Projektmanagement geschätzt werden. Ohne sie würden Projekte möglicherweise gar nicht erst angestoßen werden, wesentlich langsamer vorankommen oder nicht mit dem geplanten Ergebnis abgeschlossen werden. Darüber bestehen auch in der Verwaltung kaum Zweifel.

Neben dem reinen Projektmanagement, also der Methodenkompetenz im engeren Sinne, ist es jedoch auch mehr substanzielles Wissen, von deren Übertragung in den öffentlichen Dienst man sich Leistungssteigerungen erhofft. Insbesondere Managementkonzepte, die in der Privatwirtschaft seit Jahrzehnten eingesetzt werden, also Methodenkompetenz im weiteren Sinne, sind gefragt. Typisch sind die folgenden Konzepte: Qualitätsmanagement; die Einführung einer Balanced Scorecard; Einkaufs- und Beschaffungsanalyse (ABC-Analysen, Pooling); Prozessanalysen zur Ermittlung von Engpässen, Überkapazitäten und Zwischenschritteinsparungen (Geschäftsprozess-Modellierung und -Reengineering, Kritische-Pfad-Analysen, Lean Management); Benchmarking zum Vergleich von Prozessen und Organisationsmerkmalen mit anderen Institutionen; Humanressourcen-Management im Sinne von systematischer Leistungsmessung, gezielter Förderung und leistungsabhängiger Bezahlung; die Einführung einer doppelten statt kameralistischen Buchführung; die Einführung einer Kosten- und Leistungsrechnung; die Dezentralisierung von Entscheidungsstrukturen; die Zusammenführung vormals getrennter Tätigkeiten in Teams mit Job Enrichment und Enlargement; die Einführung eines Mentoring-Programms und eines Vorschlagwesens; Segmentierung von Bürgern als „Kunden" mit anschließender Prozessneugestaltung; die Überprüfung und Nutzung von Outsourcing-Möglichkeiten; Zusammenführung verschiedener Ämterfunktionen zu Bürgerbüros sowie, last but not least, die Neugestaltung administrativer Prozesse durch Nutzung des Internets und elektronischer Medien (eGovernment, siehe Kapitel 6). Auch Behörden-Branding im Sinne einer Umbenennung z. B. von „Amt" zu „Agentur" wurde in Einzelfällen vorgenommen.

Diese Liste von Projekten ist sicherlich nicht vollständig, gibt aber eine Vorstellung von Managementansätzen, mit deren Anwendung im öffentlichen Dienst große Hoffnungen verbunden waren und sind. Hierbei gibt es jedoch einen zentralen Faktor, der die Übertragbarkeit dieser Konzepte bzw. deren Wirksamkeit stark einschränken kann: rechtliche Rahmenbedingungen und die eingeschränkten Handlungsmöglichkeiten von Behördenleitern. In der Privatwirtschaft liegt die Entscheidung beispielsweise über das Produktspektrum, die Geschäftsstrategie etc. stets bei der Geschäftsführung, und diese ist auch primärer Ansprechpartner für die Berater. Je nach Gesellschaftsvertrag kann die Geschäftsführung Entscheidungen eigenverantwortlich treffen und ist nur dem Aufsichtsrat und den Aktionären bzw. den Gesellschaftern Rechenschaft schuldig. Im öffentlichen Dienst ist zwar beispielsweise der Behördenleiter der Ansprechpartner für Berater, aber dieser hat bei Weitem nicht die Gestaltungsmöglichkeiten wie ein Geschäftsführer einer GmbH oder Vorstand einer AG.

Verwaltungshandeln darf nur auf Grundlage eines Gesetzes erfolgen, und so lange ein Gesetz eine bestimmte, noch so bürokratische Prozedur vorschreibt, kann sich kein Beamter über diese Richtlinien hinwegsetzen, selbst wenn ihm ein Berater in einem fundierten Gutachten dazu riete. Über die Änderung von Gesetzen entscheidet die Legislative; die Bürokratie hat zwar in vielen Vorgängen einen Ermessensspielraum, ist aber im Prinzip ausführendes Organ und hat keinen Einfluss auf das, was in der Privatwirtschaft Produktpalette oder Unternehmensstrategie ausmacht. Handelt die Verwaltung außerhalb des Gesetzes, etwa aus Wirtschaftlichkeitserwägungen heraus, gibt es ein mächtiges Korrektiv: die Verwaltungsgerichte, die von Bürgern oder Firmen angerufen werden. Der Leiter des Ordnungs- und Rechtsamts eines Landkreises im Reformprozess formuliert es folgendermaßen:

> „Also, ,so günstig wie möglich', damit hat man sich schon immer beschäftigt. Ansonsten muss das Produkt ja richtig sein. Richtig im Sinne von rechtsstaatlich richtig. Im Grundgesetz steht: Die Verwaltung arbeitet nach Recht und Gesetz. Daran lassen wir uns messen. Wir kriegen Widersprüche, die bearbeitet dann das Rechtsamt, der Rest geht zum Gericht. Dort werden wir massenweise bestätigt. Das ist der Maßstab gewesen und bleibt er natürlich auch. Es ist ja nicht so, dass das wegfällt." [...]

> d.Verf.: „Sehen Sie diese juristischen Werte in Gefahr durch die kaufmännischen Ideen, die jetzt in die Verwaltung getragen werden sollen?"

> „In der Diskussion habe ich manchmal den Eindruck, das [Verfahrensmäßigkeit, Rechtsstaatlichkeit; d.Verf.] wird unwichtig, aber da wir uns immer mit dem Verwaltungsgericht herumärgern werden, sehe ich das Problem nicht. Den Aufwand, das richtig zu machen, denn muss ich nun mal betreiben. Wenn ich eine heimrechtliche Anordnung vom Stapel lasse, müssen die in der Begründung sitzen. Da ist es fast egal, was die kostet."

Der Amtsleiter macht deutlich, dass die Rechtsstaatlichkeit nicht durch Kostenüberlegungen eingeschränkt werden darf, bzw. dass etwaige Tendenzen in diese Richtung irgendwann durch Verwaltungsgerichte korrigiert werden würden. Damit sind wir bei der in Kapitel 2 vorgestellten Diskussion zwischen Kritikern und Verteidigern von Bürokratie. Der Amtsleiter ist selbstverständlich auf Seiten von Du Gay (2000), wenn er sagt, dass „der Aufwand, es richtig zu machen", nun einmal betrieben werden muss, unabhängig davon, wieviel es kostet. Rechtsstaatlichkeit hat Priorität vor Effizienz. Für die Wirksamkeit von Managementkonzepten hat dies aber eine bedeutende Konsequenz: Sie können nur bei der

Optimierung interner Prozesse und Abläufe, deren Organisation der Behörde selbst überlassen ist, eine Hilfestellung leisten; weitreichendere Entscheidungen verbieten sich. Damit ist ihre Wirkung im Vergleich zur Privatwirtschaft oft erheblich geringer. Der größte Unterschied zwischen Verwaltung und Unternehmen liegt offenkundig in der vorrangigen Ausrichtung der Verwaltung an Interessen des Gemeinwohls im Gegensatz zu kommerziellen Partikularinteressen. Die Beteiligten formulieren diese rechtliche Grenze folgendermaßen:

> Projektleiter im öffentlichen Bereich einer international führenden Beratung:
>
> „Wir müssen uns immer vergegenwärtigen, dass die Ziele von Unternehmen und die der öffentlichen Verwaltung unterschiedlich sind und somit Sie nur gewisse Sachen bis zu einem bestimmten Grad übertragen können. […] Sie müssen es anpassen im Hinblick auf gesetzliche Verpflichtungen, die die öffentliche Hand hat, andere Ziele, zum Teil aber auch andere Vorraussetzungen. Jetzt, wenn Sie eGovernment angucken, dann können Sie natürlich eBusiness-Konzepte eins zu eins da rüberschmeißen über die Mauer, die werden nicht funktionieren, weil die Rahmenbedingungen, die Voraussetzungen im öffentlichen Bereich gar nicht zu schaffen sind."

> Projektleiter eGovernment eines Bundesministeriums:
>
> „Man darf aber einfach nicht so tun als ob die Verwaltung ein Wirtschaftsunternehmen ist. Das wird einfach ihrer Stellung nicht gerecht und kann auch den Bürgern nicht recht sein. Die Verwaltung ist eben eine Ordnungsmacht. […] Man muss sich einfach fragen, inwieweit will sich die Verwaltung wirtschaftlichen Maßstäben stellen."

> Projektleiter im öffentlichen Bereich einer internationalen Beratung mit Fokus auf IT und Prozessberatung:
>
> „Die Grenze liegt darin, dass die öffentliche Verwaltung gemeinwohlorientiert ist und andere Ziele verfolgt, gleichrangig zumindest wie die Effizienz. Darin wird die öffentliche Verwaltung immer einen Unterschied haben. […] Die Konzepte laufen weitgehend fehl. Also da gibt es Grenzen im öffentlichen Verwaltungsspektrum."

Für den Bereich der Steuereintreibung schildert der Behördenleiter eines Finanzamts einer mittelgroßen Stadt typische Beispiele, bei denen die wirtschaftlich sinnvollen Ergebnisse eines Beratungsprojekts trotz Kooperationsbereitschaft der Verwaltung nicht umgesetzt werden konnten, da das politische Mandat fehlte:

> „Wir haben die Vorgabe, Steuern festzusetzen, Steuerbescheide zu erlassen. Ob die Steuern oder das Verfahren wirtschaftlich sind oder nicht, darüber haben wir keine Entscheidungsbefugnis. Selbst wenn ich hier in einer Untersuchung zu dem Ergebnis käme, diese oder jene Steuer rentiert sich vom Verwaltungsvollzug her nicht, kann ich nicht sagen als Vorsteher ‚Wir machen zu, wir legen diese Abteilung still' – was natürlich ein Unternehmen jederzeit machen kann, wenn zum Beispiel die Post sagt: ‚Diese Postagenturen rentieren sich nicht mehr, also machen wir die zu'. Das kann ein Unternehmen

> machen, wir nicht. [...] Wobei man sagen muss, zur Ehrenrettung mancher Gutachter, [Name eines Beratungsunternehmens] und so, die haben natürlich diese Dinge auch angesprochen, die haben auch gesagt „Es müssen Leistungsanreize geschaffen werden" und und und – aber diese Dinge sind, wie andere Dinge auch, von der Politik nicht umgesetzt worden. Und eines, was Sie auch überlegen sollten: Die Verhältnisse in der Verwaltung sind auch deswegen anders, weil wir praktisch keinen Unternehmensvorstand in dem Sinne haben. Selbst wenn ich als Vorsteher zu dem Ergebnis käme, man könnte dieses oder jenes ändern, man müsste diese oder jene Steuer abschaffen, dann kann ich das wie gesagt nicht machen, weil ich dazu Externe brauche: Das sind die Politiker. Wenn in einem Unternehmen festgestellt wird, diese Steuer oder diese Abteilung arbeitet unrentabel, und das wird dem Vorstand vorgelegt, dann sagt der ‚OK, machen wir zu'. Bei uns sind das aber die Politiker, und die Politiker entscheiden nicht immer nach rein wirtschaftlichen Gesichtspunkten, sondern nach politischen Gesichtspunkten. Das beste Beispiel ist also die Kraftfahrzeugsteuer. Es ist seit zwanzig Jahren bekannt, dass es das Beste wäre, die auf die Mineralölsteuer umzulegen, weil man Verwaltungskosten sparen könnte, der Rechnungshof hat das erst jetzt wieder aufgegriffen. Wir haben hier auch fünf, sechs Leute im Amt, die nur mit der Kraftfahrzeugsteuer beschäftigt sind, aber die Politiker haben das nicht geschafft, das umzusetzen, weil es da um die Frage Landes- und Bundeshaushalt geht, weil diese Streitigkeiten eine Rolle spielen. Dann ist natürlich die Materie verkompliziert worden durch Umweltfragen, steuervergünstigte Fahrzeuge, Kat, die Diskussion mit Diesel, da konnte man sich einfach nicht einigen."

Das längere Zitat bestätigt auf eindrucksvolle Weise, welche Grenzen Effizienzsteigerungen im öffentlichen Dienst haben können. Der Leiter des Finanzamts und die ganze Behörde sind sich darüber klar, dass beispielsweise die Kfz-Steuer bezüglich des Aufwand-/Ertragsverhältnisses ineffizient ist und eine Integration in die Mineralölsteuer erhebliche Kosteneinsparungen mit sich bringen könnte, bei insgesamt gleichem Steueraufkommen. Übertragen in die Sprache der Ökonomie, ist hier also ein Produkt ineffizient, bzw. dessen Produktion könnte in die eines anderen Produkts integriert werden. Im öffentlichen Dienst geht das nicht; der Leiter des Finanzamts hat als Teil der Exekutive nicht die Möglichkeit, in die Legislative einzugreifen. Er kann allenfalls dem Finanzministerium wiederholt melden, dass die Kfz-Steuer ökonomisch nicht sinnvoll ist, oder auch den lokalen Abgeordneten darauf hinweisen, um einen Gesetzgebungsprozess anzuregen. Aber sogar in der Legislative mag es hinreichend bekannt sein, dass die Kfz-Steuer ökonomisch nicht sinnvoll ist, sondern in die Mineralölsteuer integriert werden könnte, jedoch fließen diese beiden Steuern in unterschiedliche Haushalte[18] und eine Neuregelung würde nicht nur politische Lenkungsinstrumente wie Vergünstigungen für Behinderte, Katalysator, Partikelfilter etc. nehmen, sondern eine Einigung zwischen Bund und Ländern über eine Umlage der zusätzlichen Einnahmen aus der Mineralölsteuer vom Bund auf die Länder erfordern. All dies liegt selbstverständlich weit außerhalb der Reichweite eines Finanzamtvorstehers und

---

[18]   Die Ertragshoheit für die Kraftfahrzeugsteuer als direkte Steuer liegt bei den Bundesländern; die Einnahmen fließen den Landeshaushalten zu. Die Mineralölsteuer ist eine Verbrauchssteuer, also indirekte Steuer, und die Einnahmen fließen dem Bund zu.

stellt damit ein Beispiel dar, wie die Wirkung des Einsatzes von Managementkonzepten aus der Privatwirtschaft im öffentlichen Dienst eingeschränkt sein kann.

Ein weiteres Beispiel von Managementkonzepten der Privatwirtschaft, die im öffentlichen Dienst nur begrenzt eingesetzt werden können, sind die verschiedenen Elemente von Humanressourcen-Management. Für die Privatwirtschaft sind eine regelmäßige Leistungsbeurteilung und leistungsabhängige Bezahlung zentral. Im öffentlichen Dienst sind die Grenzen hier durch das Dienst- und Tarifrecht gegeben. So erläutert der oben zitierte Finanzamtvorsteher:

> „In der Wirtschaft geht es einfach: ‚Der beste Mann an den besten Platz', und wenn ich einen haben will, dann kann ich finanzielle Anreize schaffen und kann dem etwas bezahlen, aber das ist bei uns eben nicht möglich. Wir haben keine Möglichkeit, Zulagen zu geben, Prämien zu geben. Das ist im Land mal beschlossen worden, das hat man dann wieder gestoppt. Also, wir müssen dann mit der Beamtenbesoldung oder tarifrechtlichen Einigung arbeiten und können diese Leute eben nicht über Tarif bezahlen. Wir haben diese Instrumentarien nicht, das ist dann umso mehr eine Frage der Motivation, die Leute zu motivieren, solche Aufgaben zu übernehmen."

Auch hier stoßen wir also wieder auf die oben wiedergegebene Diskussion zwischen den Reinventing-Government-Anhängern und den Verteidigern von Bürokratie (Kapitel 2). Erstere, wie Osborne & Gaebler (1993) und Osborne & Plastrik (1997), argumentieren vehement, dass die Einführung von leistungsabhängiger Bezahlung auch im öffentlichen Dienst notwendig und machbar sei. Verteidiger der Bürokratie wie Hood (1991) oder Du Gay (2000) hingegen argumentieren, dass mit einer leistungsabhängigen Bezahlung im öffentlichen Dienst die Gefahr von Parteilichkeit eines Beamten erheblich wachse. Er könnte den Anreiz haben, sich in seiner Zeiteinteilung vor allem um solche Anliegen zu kümmern, die ihm eine höhere leistungsabhängige Bezahlung verschaffen. Ähnlich einem „unabhängigen" Versicherungsvermittler wird er jene Dinge empfehlen oder bevorzugen, die die größte Provision bereithalten. Ein leistungsunabhängiges Gehalt gehöre hingegen zu den Institutionen, die eine Kultur der Gleichbehandlung der Bürger, die auch in einem Rechtsstaat nicht für selbstverständlich genommen werden darf, sicherstelle oder zumindest wahrscheinlicher mache. Schon der eigentlich libertäre Ludwig von Mises, Gründer der ‚Austrian School of Economics', die viele Vertreter des Marktliberalismus hervorgebracht hat, sah deutliche Grenzen zwischen Effizienz und Rechtsstaatlichkeit: „The objective of public administration cannot be measured in money terms and cannot be checked by accountancy methods [...] Bureaucratic management is management of affairs which cannot be checked by economic calculation" (von Mises 1946: 46 ff.).

Auch der Bürgermeister einer mittelgroßen Stadt im Verwaltungsreformprozess weist – in etwas verklausulierter Form – auf fehlende ökonomische Sanktionsmöglichkeiten von Personal und damit auf Grenzen des der Privatwirtschaft entlehnten Personalmanagements hin:

„Das ist aber eigentlich mit die zentralste [Stellgröße zur Leistungssteigerung; d.Verf.], das ist die, dass man bezogen auf die Möglichkeit, gewisse Bereinigungen durchzuführen, das besteht auch zum Beispiel im Personalbereich, nicht die Möglichkeit wie im Bereich der Privatwirtschaft, wenn man Mitarbeiterinnen und Mitarbeiter hat, die nicht diese entsprechende Leistungsfähigkeit mehr haben oder die Produktivität mehr haben, das man dort relativ einfach auch neue Modelle finden kann. Das ist häufig nicht der Fall, es ist äußerst komplex in diesen Bereichen, die Arbeitsgerichte sind da auch eher nicht förderlich, sondern eher hinderlich, um ein solches Unternehmen auch in eine andere Richtung zu orientieren. Das ist ein sehr heikles Thema, weil wenn man in den Bereichen, wo es ganz eindeutig zu fehlenden Leistungen kommt, das wird von der Belegschaft sehr genau erkannt, wenn man dort nicht den entsprechenden Aktionsradius hat. [...] Deswegen kann man diese Modelle nicht eins zu eins übertragen und wir können auch nicht groß mit Leistungszulagen arbeiten wie im Bereich der Privatwirtschaft."

d.Verf.: „Ist das ein gesetzliches Problem oder ist einfach das Geld nicht da?"

„Das ist ein gesetzliches Problem."

Der Bürgermeister weist darauf hin, dass es in einer Behörde zu sichtbaren Leistungsmängeln bei einzelnen Mitarbeitern kommen kann – offenbar so deutlich sichtbar, dass auch Kollegen dies erkennen bzw. es weithin bekannt ist –, aber dass dies keine Konsequenzen habe. Es fehlten die entsprechenden Instrumente des Personalmanagements, da diese nicht Teil der tarifrechtlichen Rahmenbedingungen sind. Auch arbeitsrechtliche Anstrengungen von Seiten der Behörde scheinen in der Vergangenheit nicht den gewünschten Erfolg gehabt zu haben, so dass man als Leiter einer Behörde vor individuellen Leistungsmängeln nur resignieren kann. Der Referatsleiter für Projekt- und Prozessorganisation einer obersten Landesbehörde steht vor ähnlichen Problemen bei der Restrukturierung von Prozessen:

„Beim Qualitätsmanagement oder Business Process Reengineering ist es auch so, dass die Verwaltung nicht so arbeiten kann, wie sie möchte, sondern wir sind ganz klar an gesetzliche Grundlagen gebunden. Das ist genau der Punkt, an dem viele vielleicht auch ganz innovative Ansätze scheitern, weil wir uns eben doch ganz genau nach Gesetz und Recht ausrichten müssen, und das ist auch richtig und gut so. Von daher sind diese Ansätze nicht alle eins zu eins umsetzbar. Zweitens gibt es die hergebrachten Grundsätze des Berufsbeamtentums, Artikel 33 im Grundgesetz[19] verankert, das ist auch noch ein Hemmschuh."

Auch bei der Analyse der Ablauforganisation sind der Übertragung von Managementkonzepten aus der Privatwirtschaft also Grenzen gesetzt. Materielle und zeitliche Vorgaben sowie Neuregelungen von Handlungs- und Arbeitsprozessen stoßen auf Genehmigungsschleifen, die sogar einem Behördenleiter überflüssig vorkommen, jedoch vom Gesetzge-

---

[19] Der Referatsleiter zitiert hier aus Artikel 33, Absatz 4 des Grundgesetzes: „Die Ausübung hoheitsrechtlicher Befugnisse ist als ständige Aufgabe in der Regel Angehörigen des öffentlichen Dienstes zu übertragen, die in einem öffentlich-rechtlichen Dienst- und Treueverhältnis stehen."

ber gewollt sind. Prozesse oder Handlungen ökonomisch zu bewerten mag zu interessanten Zahlenergebnissen führen, die jedoch im Rahmen der Gesetzeslage oder Ausführungsbestimmungen weder personalpolitische noch organisatorische Veränderungen nach sich ziehen können.

Über diese rechtlichen Grenzen hinaus gibt es auch strukturelle Grenzen der Anwendbarkeit und Wirkung von NPM, die an der Kompetenzverteilung zwischen Behörden oder Dienststellen unterschiedlichen Ranges liegen. So ist es nicht selten, dass eine übergeordnete Dienststelle den Vertrag mit der Unternehmensberatung abschließt, der nachgeordneten Dienststelle jedoch die Auftragsinhalte nicht vollständig transparent gemacht werden. Dazu erneut der Leiter eines Finanzamts:

> „Das sind politische Entscheidungen. Die Verträge, die das Land [Name] mit dem Unternehmen geschlossen hat, werden nicht offengelegt. Man beruft sich auf das Geheimhaltungsinteresse des Vertragspartners. Wir wissen nicht, welche Einzelheiten da überhaupt vereinbart worden sind. Es wurde auch, nachdem die Opposition im Landtag dies mehrfach beantragt hat, hier der Inhalt dieser Vereinbarungen nicht bekannt gegeben. Das ist also auch uns nicht bekannt. Ich muss sagen, bei [Name einer anderen Beratungsfirma], waren diese Verhältnisse offengelegt. Uns im Hauptpersonalrat des [Name eines Ministeriums] war das bekannt gewesen. [...]"

> d.Verf.: „Umso wichtiger ist es dann, dass man weiß, was im Vertrag steht?"

> „So ist es. Das ist ganz wesentlich für die Akzeptanz eines solchen Auftrages, dass man den Mitarbeitern offen legt, welche Zielsetzungen mit dem Projekt verfolgt werden und welche Sachbereiche untersucht werden."

Zwar argumentieren Unternehmensberatungen stets mit ihrem schützenswerten Interesse an der Nichtveröffentlichung von Geschäftsgeheimnissen (Honorarhöhe, Arbeitsmethodik etc.), aber es ist dann für eine Dienststelle verständlicherweise ärgerlich, wenn das Projekt aufgrund der hierarchischen Aufgabenteilung zwischen Dienststellen und damit zusammenhängender Intransparenz von Ziel und Struktur scheitert. Möglicherweise wäre also etwas mehr Offenheit auch im Interesse der Beratungen, die es anscheinend noch nicht gewohnt sind, mit einer politischen und medialen Aufmerksamkeit umzugehen, die sie in dieser Form von ihrer Arbeit für den privaten Sektor nicht kennen.

Sind Managementkonzepte aus der Privatwirtschaft damit als Ganzes abzulehnen, weil der öffentliche Dienst nun einmal rechtlich und organisatorisch anders strukturiert ist, oder gibt es im Gegensatz zu dieser Totalablehnung ein differenzierteres Bild? Die Führungskräfte der Verwaltung sind es selbst, die hier wichtige Unterscheidungen treffen. Die Verwaltung, so der Tenor, dürfe es sich nicht zu einfach machen, indem sie alle Verantwortung der Politik zuschreibt. Es gebe Handlungsfelder, die den erforderlichen Handlungsspielraum haben, und die Verwaltung solle sich bei Reformbemühungen auf diese Felder konzentrieren. So konstatiert der Bürgermeister einer mittelgroßen Stadt:

> „Für meine Begriffe geht es darum, in erster Linie nicht gleich nach gesetzlichen Änderungen zu rufen, das ist in zweiter und dritter Linie sicherlich dann auch zwingend erforderlich, dass man sich damit beschäftigt, aber der erste und wichtigste Punkt ist, das Unternehmen [gemeint ist die Dienststelle; d.Verf.] in dem gegebenen Rahmen zu optimieren. Und da gibt es unendlich viele Möglichkeiten. Und dass man darüber hinaus natürlich noch weitere Vorschläge macht, ist berechtigt und sicherlich auch zielführend, ist natürlich aber erst der mittel- und langfristige Weg."

Innerhalb der öffentlichen Verwaltung selbst gibt es enorme Unterschiede in Bezug auf die Anwendungsmöglichkeiten von Managementmethoden. So liegt es etwa auf der Hand, dass eine Übertragung desto erfolgsversprechender ist, je marktnäher eine staatliche Dienstleistung und je weniger hoheitliches Handeln gefragt ist. Beispielhaft für diese Unterschiede können die folgenden genannt werden:

> Leiter des Finanzamts einer mittelgroßen Stadt:
>
> „Ein Fehler von NSI [neue Steuerungsinstrumente; d.Verf.] war auch, dass man alles über einen Leisten geschert hat. Man muss die spezifischen Unterschiede sehen, es gibt durchaus Verwaltungen, die rein unternehmerisch teilweise arbeiten, beispielsweise die Forstverwaltung. Die bewirtschaftet einen Forst wie ein Gutsbesitzer, die verkaufen Holz, die machen Schläge und so weiter. Dass die natürlich ihre ganzen Abläufe rein unternehmerisch gestalten können, ist unbestritten, insofern gilt für die etwas ganz anderes als für uns [die Steuerverwaltung; d.Verf.]."

> Ehemaliger Personalratsvorsitzender der Polizei einer mittelgroßen Stadt:
>
> „Sie [die Berater; d.Verf.] haben sich vor Ort ein Bild gemacht, sie haben dann ihre Fähigkeit, aus der freien Wirtschaft zu projizieren, in den Dienstablauf eines öffentlichen Dienstbereiches umgesetzt. In manchen Fällen war das gut und sinnvoll, zum Beispiel wenn unsere Waffenwerkstätten oder unsere Kraftfahrzeugwerkstätten untersucht wurden, da war die Vergleichbarkeit gegeben. Aber wenn es der reine Dienstbetrieb war, wo man hoheitlich tätig wird, da war einfach zu viel Zeitdruck, da haben sie auch die meisten falschen Schlüsse gezogen aus unserer Sicht."

Verschiedene Bereiche etwa der Polizei oder der Justiz werden Managementkonzepten aus der Privatwirtschaft also verschlossen bleiben, weil Strafverfolgung weder privatisiert noch dessen Nutzen monetär bewertet werden kann. Mithilfe einer der Privatwirtschaft entlehnten Kostenrechnung ließen sich zwar die Kosten einer Leistung (etwa einer nächtlichen Polizeistreife oder einer staatsanwaltlichen Untersuchung) recht genau kalkulieren, der Nutzen aber in Form von Sicherheit oder Rechtsdurchsetzung entzieht sich einer Wirtschaftlichkeitsmessung. Die Entscheidung über eine solche staatliche Leistung wird immer eine politische bleiben und kann in einer Demokratie der Legislative nicht abgenommen werden. Dagegen sind Gebäudeverwaltung, IT, Fuhrparkmanagement u.ä. einer Behörde Bereiche, in denen der Einsatz von Beratern sinnvoll sein kann, weil sich die Berater in einem mit der Wirtschaft vergleichbarem Terrain bewegen.

5.3   Übertragungen aus der Privatwirtschaft: Herausforderungen

Die Schranken der Exekutiven gegenüber der Legislativen, die Hoheitlichkeit von Aufgaben sowie die begrenzte Autonomie einzelner Behörden, z. B. im Personalmanagement oder bei der Auftragseinsicht und -mitbestimmung, stellen also rechtliche bzw. strukturelle Grenzen der Übertragbarkeit von Managementkonzepten in den öffentlichen Dienst dar. Selbst dort, wo eine Einsetzbarkeit im Prinzip gegeben ist, stellen die oben genannten Eigenschaften des öffentlichen Diensts Grenzen der Wirksamkeit dar. Mit demselben Hebel erreicht man im öffentlichen Dienst oft einen geringeren ökonomischen Effekt als in der Privatwirtschaft.

Naiv wäre es zu glauben, dass rechtliche und strukturelle Hemmnisse die einzigen wären. Sowohl auf Beraterseite als auch auf Seiten des öffentlichen Diensts gibt es noch verhaltensbedingte und selbstverständlich auch kompetenzbezogene Limitationen. Unternehmensberatungen verfügen oft nur über eine sehr begrenzte Zahl von Mitarbeitern, die sich kompetent im Umfeld des öffentlichen Diensts bewegen können, und Mitarbeiter im öffentlichen Dienst zeigen gelegentlich ein begrenztes Engagement zur Zusammenarbeit mit Beratern oder zur Annahme neuer Regelungen. Auf Verwaltungsseite kommt es immer wieder zu Enttäuschungen in der Zusammenarbeit mit Beratern. Häufig wird der Vorwurf erhoben, dass Berater sich zwar mit den oben genannten Managementkonzepten auskennen, jedoch oft nicht das nötige Verwaltungs-Fachwissen mitbringen, um im öffentlichen Sektor effektiv beraten zu können. Die folgenden Aussagen sind typisch:

Stellvertretender Abteilungsleiter in der Staatskanzlei eines Bundeslands:

„Unternehmensberatern fehlt meistens eine Tiefenkompetenz für die öffentliche Verwaltung. Die verstehen nicht, was bei uns überhaupt machbar ist."

Landesleiter eGovernment im Innenministerium eines Bundeslands:

„Wenige Berater, die ich kennen gelernt habe, haben überhaupt eine Vorstellung von Verwaltung gehabt. Das ist ein Problem, das wir grundsätzlich haben. Wenn wir umgekehrt beraten würden und wüssten nicht, was eine GmbH ist, dann würde man uns rausschmeißen. Hier kommen Leute hin, die haben wirklich von nichts eine Ahnung in der Verwaltung, also kommen einfach nur mit Konzepten aus der Privatwirtschaft."

Projektleiter eGovernment in einem Bundesministerium:

„Es ist häufig aber so, dass Beratungsunternehmen mit den Gepflogenheiten der Verwaltung nicht vertraut sind. Also das ist oft so. Ich arbeite ja viel mit Beratungsunternehmen zusammen und es gibt eine starke Tendenz zu Wasserkopfarbeiten. Es wird immer viel Methodik und Geblubber produziert und der eigentliche Kern, die Antwort auf die eigentliche Frage, ist dann sehr dünn, also wesentlich weniger originell als man sich das für so viel Geld wünschen würde."

Die obigen Aussagen stehen stellvertretend für eine breite Skepsis gegenüber Beratern und deren Vertrautheit mit dem öffentlichen Dienst. Darüber hinaus bemängeln Führungskräfte im öffentlichen Dienst oft auch das Kommunikationsverhalten von Beratern. Es werden Schlagworte und Anglizismen verwendet, die in der Privatwirtschaft üblich sein mögen, im öffentlichen Dienst jedoch Kopfschütteln und Spott erzeugen. Fast haarsträubend muten manche Berichte an, wie auch renommierte Beratungen es in kurzer Zeit geschafft haben, ihren Ruf beim Kunden im öffentlichen Dienst zu ruinieren, indem sie sich in ihrer Kommunikationsweise nicht an den neuen Klienten angepasst haben:

Leiter des Ordnungs- und Rechtsamts eines Landkreises im Reformprozess:

„Aber die Hauptschwierigkeit im Leben ist ja, dass die Leute sich verstehen. Und da, so hat man manchmal den Eindruck, mangelt's. Die reden beide zwar Deutsch, aber die einen schmeißen einem dann etwas mit ‚New Public Management' an den Kopf und es wird nicht geklärt, was jetzt bei dem Projekt hinter dem Begriff steckt – und dann verstehen sich die Leute nicht. Dann geht die Sache im Regelfall wahrscheinlich auch schief."

Hauptpersonalrat im Kultusministerium eines Bundeslands:

„Ich habe das erlebt, wenn ich bei solchen Sitzungen [Projektsitzungen mit Beratern und Behördenmitarbeitern; d.Verf.] war, wie viel Unwissenheit da herrschte. Die Sprache, die da gepflegt wird, z. B. der Begriff ‚Balanced Scorecard', den kannte ich vorher maximal aus der Literatur. Da saßen also die Führungskräfte, die wussten auch nicht, was das jetzt heißen soll – nur keiner hat sich getraut: ‚Was heißt das eigentlich?' Und so ging es endlos mit diesen Sprechblasen, die machen alle Menschen tot. Das hat man auch in Zusammenhang mit der Schulung gesagt: ‚Ihr [die Berater; d.Verf.] könnt davon ausgehen, dass die Sprache die hier gepflegt wird, ein Hinderungsgrund ist, dass es angenommen wird.' Und dann wurde halt nichts getan, weder von der einen Seite noch von der Projektseite."

Beauftragter für die Einführung neuer Steuerungsinstrumente im Kultusministerium eines Bundeslands:

„Also es kommt wirklich auf die Leute drauf an, was für einen Hintergrund die [Berater; d.Verf.] haben und was für eine Sprache die sprechen und ob sie in der Lage sind, sich den Anforderungen entsprechend anzupassen."

d.Verf.: „Was meinen Sie mit ‚Hintergrund' und ‚Sprache'?"

„Also bei [Name des Beratungsunternehmens] war es ‚Das Brownpaper im Backoffice ...'"

d.Verf.: „Also so haben die gesprochen?"

„Ja. Da lachen sie alle. Da denkt jeder nur: ‚Was wollen die hier eigentlich?'"

Mangelnde Kenntnis der Verhältnisse in der staatlichen Verwaltung, die viele der klassischen Beratungsansätze nur eingeschränkt einsatzfähig machen, sowie der Einsatz von als zu jung empfundenen Beratern führen oft zur Ablehnung der Ansätze. Führungskräfte des öffentlichen Diensts machen nicht nur vereinzelt, sondern vielfach die Erfahrung, dass Unternehmensberater zwar Methodenkompetenz im Projektmanagement und Wissen über Managementkonzepte, jedoch mangelnde Kompetenz über die Funktionsweise des öffentlichen Diensts und mangelnde Kommunikationsfähigkeit aufweisen. Kritik dieser Art ist für Unternehmensberatungen nicht neu. Auch Kunden in der Privatwirtschaft bemängeln oft, dass gerade junge Berater wenig Branchen-Know-how haben. Was sagen Berater dann zu den obigen Vorwürfen?

> Projektleiter im öffentlichen Bereich einer international führenden Strategieberatung:
>
> „Wo sie [Mitarbeiter im öffentlichen Dienst, d.Verf.] Probleme haben, ist teilweise im Fachwissen der Berater. Weil sie teilweise die Systembesonderheiten, insbesondere auch der Umgang mit rechtlichen Grundlagen, auch mit Finanzgrundlagen, sehr spezifisch ist [Satzbau sic.]. Das können Sie in aller Regel von einem klassischen Berater nicht erwarten, dass er das beherrscht."
>
> Projektleiter im öffentlichen Bereich einer anderen führenden Strategieberatung:
>
> „Ich hasse das, wenn mir ein Klient das sagt. Klienten sagen immer, bei mir ist alles anders, hier ist alles individuell und eigen, das sind alles Unikate, da können Sie das alles nicht anwenden, was Sie in der freien Wirtschaft gelernt haben. Zum Teil ist das aber richtig. […] Natürlich kann man da viel aus der Privatwirtschaft übernehmen was so Methodenwissen, Fokussierung auf Impact und Kostensenkungen, schlanke Prozesse und so was betrifft."

Auch die befragten Berater selbst sehen also die Problematik fehlenden bzw. beschränkten Fachwissens. Jedoch implizieren sie, dass dies nicht der Punkt sei. Bei Unternehmensberatungen ist es nicht unüblich, wenn insbesondere jüngere Berater zu Beginn eines Projekts keine Branchenkompetenz haben, auch wenn sie in der Privatwirtschaft eingesetzt werden. Jedoch erfolge die Wertschöpfung durch die Unternehmensberatung nicht durch von vornherein bestehende Branchenkenntnis, sondern durch die Anwendung von Methodenkompetenz. Die Antwort der Vertreter des öffentlichen Diensts liegt nahe: Methodenkompetenz hin oder her, wenn es an Fachwissen über das Funktionieren einer Behörde fehle, lassen sich die Methoden nicht richtig einsetzen.

Auch die Führungskräfte und Mitarbeiter im öffentlichen Dienst, die mit den alten Strukturen ja oftmals unzufrieden sind, wünschen sich vielfach, dass durch die Übertragung von Managementkonzepten „frischer Wind" in ihre Dienststelle kommt. Aber sie wünschen sich ebenfalls, dass sie nicht bei jedem Projekt bzw. jedem einzelnen Berater bei Null anfangen müssen, um ihm oder ihr das Funktionieren des öffentlichen Diensts zu vermitteln. Die Verwaltungsfremdheit, in den obigen Zitaten bitterlich beklagt, hat also auch nach Auffassung der Führungskräfte im öffentlichen Dienst eine andere, positive Seite:

Landesleiter eGovernment im Innenministerium eines Bundeslands:

„Was externe Berater auszeichnet, ist, dass sie auch mal eine andere Sichtweise da rein-
bringen. Wir haben wirklich Experten in unserem Land [gemeint ist das Bundesland;
d.Verf.]. [...] Trotzdem haben wir uns bei unseren Projekten auch externer Berater bedient. Bei uns ist ja auch immer noch einer dabei. [...] Weil die andere Ideen einbringen.
Die sind dann teilweise aus der Sicht der Verwaltung absurd und völlig verwaltungs-
fremd, weil sie die Verwaltung nicht verstehen. Aber das ist natürlich schön, mal Feuer
und Wasser gegeneinander zu haben.“

Referatsleiter Abteilung für Verwaltungsreformen in der Staatskanzlei eines Bundeslan-
des:

„Unternehmensberater können bei allen Bereichen eine Hilfe sein, wenn sie denn erstens
in der Lage sind, die Sprache der Verwaltung zu sprechen, und zweitens wenn sie verstehen, wie die Verwaltung eigentlich tickt, und drittens wenn sie neue, innovative Ansätze bringen, über die bisherigen Grenzen hinaus denken.“

Der Mangel an Verwaltungswissen der Berater wird also in aller Deutlichkeit moniert.
Gleichzeitig wird es begrüßt, wenn sie eine andere Sichtweise einbringen und über die
Grenzen der Verwaltung – die sie selbstverständlich kennen sollen – hinausdenken. Diese
Strittigkeit der Kompetenz und Kommunikationsweise der Berater ist also eine Seite der
verhaltens- und kompetenzbedingten Wirksamkeitsgrenzen.

Die andere Seite sind verhaltensbedingte Aspekte auf Seiten der Behördenmitarbeiter. Von
den Befragten, die für die Umsetzung von Reformen verantwortlich sind, wird vielfach
von Schwierigkeiten berichtet, die Mitarbeiter zu einer Unterstützung der Veränderungs-
bemühungen zu bewegen. Vor diesem Problem stehen auch die Berater, die auf das lokale
Wissen der Mitarbeiter angewiesen sind und von Mitarbeitern des öffentlichen Diensts
durch mangelnde Kooperation auflaufen gelassen werden können. So geht beispielsweise
der bereits oben zitierte Referatsleiter in der Abteilung für Verwaltungsreformen in der
Staatskanzlei eines Bundeslands von einer prinzipiell möglichen Anpassung von Mana-
gementinstrumenten an den öffentlichen Bereich aus, jedoch werde dazu auch die Kreativität und der Einsatzwille der Mitarbeiter und Führungskräfte benötigt. Bei diesem Über-
zeugungsprozess können seiner Ansicht nach auch Berater nicht wirklich helfen:

„Konkret besteht die Gefahr, dass bei den betroffenen Bereichen grundsätzlich die neu-
en Steuerungsmodelle abgelehnt werden, weil man meint, sie sind überhaupt nicht
passfähig, von einer Eins-zu-eins-Umsetzung ganz zu schweigen. Allerdings bin ich
schon davon überzeugt, dass man mit einer gewissen Kreativität die Dinge auch dort
einführen kann. Das setzt aber voraus, dass man die Leute dafür gewinnt, selber daran
zu arbeiten, wie sie die Dinge jetzt für ihren eigenen Bereich passfähig machen können.
Das kann Ihnen kein Externer, kein Unternehmensberater sagen. Dass man sie dafür
gewinnt, das setzt wiederum voraus, dass man eine gewisse Akzeptanz hat, und damit
sind wir beim größten Problem und der größten Gefahr, dass, wenn man so einen riesi-
gen Kulturwandel in die Wege leitet, dass man da wirklich für Akzeptanz sorgen muss,

> und das ist bei uns mit das größte Problem, was wir noch haben. Diese Akzeptanz fehlt noch an vielen Stellen. Weil: Veränderungsprozesse zu akzeptieren von den Leuten, die es betrifft, ist halt bei allen Verwaltungsreformprojekten schwierig. [...] Das ist also das Akzeptanzproblem bei den Mitarbeitern, vor allem eben bei den Führungskräften, weil die sind ja die Meinungsbildner. Das ist so das größte Problem, dass wir die Führungskräfte nicht auf der richtigen Seite haben. Also nicht generell, es gibt solche, die unterstützen das, keine Frage, aber ich habe das Gefühl, wir haben immer noch die Mehrheit gegen uns, zumindest aber in abwartender Position: ‚Lasst mich damit in Ruhe und macht mal...'."

Hier haben wir also ein kritisches Statement gegenüber dem öffentlichen Dienst aus den eigenen Reihen. Zu bedenken ist, dass dieser Referatsleiter von Seiten der Staatskanzlei der Beauftragte für Verwaltungsreformen im betreffenden Bundesland ist und damit qua Amt eine reformbefürwortende Rolle hat. Deutlich wird jedoch, dass er hier von einem notwendigen Kulturwandel spricht. Die Umsetzbarkeit und Wirksamkeit von Managementkonzepten hängt demnach nicht nur an den im vorigen Abschnitt erörterten rechtlich-strukturellen Grenzen oder an den oben beschriebenen Kompetenz- und Kommunikationsmängeln von Beratern, sondern auch am Veränderungs- und Umsetzungswillen der Mitarbeiter des öffentlichen Dienstes. Statt eine mangelnde Umsetzung auf Berater zu schieben, wie es in den weiter oben zitierten Aussagen z.T. gemacht wird, stellt der Referatsleiter vor allem auf die Führungskräfte im öffentlichen Dienst und deren Veränderungswillen ab.

Auch der Beauftragte für die Einführung neuer Steuerungsinstrumente im Kultusministerium eines Bundeslands sowie der Leiter der Stabsstelle für die Modernisierung der Justizverwaltung eines Bundeslands warnen vor einer zu mechanistischen Betrachtungsweise, die auf sachliche statt verhaltensbedingte Grenzen abstelle:

> Beauftragte für die Einführung neuer Steuerungsinstrumente im Kultusministerium eines Bundeslands:
>
> „Und dass man meint, wenn man Neue Steuerungsinstrumente hätte, dass man dann schon eine neue Steuerung hätte und nicht nur das neue Steuerungsmodell. Wenn man sagt, dass man Kennzahlen hat oder Produkte oder KLR [Kosten- und Leistungsrechnung; d.Verf.], dann reiche das schon völlig aus. Aber Neue Steuerungsinstrumente müssen viel mehr sein. Da muss eine Verhaltensänderung, Einstellungsänderung, Änderung in der Organisation und all das folgen. Und das wird oft übersehen, der große Aufwand, den man in die Instrumente steckt, der flacht dann ab und dann passiert nix, weil es nicht umgesetzt wird, nicht genutzt wird."

> Leiter einer Stabsstelle für die Modernisierung der Justizverwaltung eines Bundeslands:
>
> „Es ist schwierig, qualifizierte Leute zu finden, die bereit sind, sich in diese Themen einzuarbeiten und das umzusetzen. Und das allerallerschwierigste ist – ich sage immer: die Modernisierung findet in den Köpfen statt – alten Verwaltungsmitarbeitern klar zu machen, dass die Uhren rückwärts laufen. [...] Also, dass es jetzt ab morgen anders gehen wird, das ist ungeheuer schwierig. Das halte ich eigentlich auch für die Hauptschwie-

rigkeit, es ist keine wirklich fachliche Schwierigkeit, sondern die Umstellung der lieb gewonnenen Gewohnheiten von dem Grundsatz ‚das haben wir schon immer so gemacht'. Ganz schwierig."

Halten wir uns vor Augen, dass die obige Kritik zwar aus Reihen des öffentlichen Diensts kommt, jedoch erneut jeweils von Beauftragten oder Stabsstellenleitern für die Einführung neuer Steuerungsinstrumente. Es verändert sich damit die Sicht auf die Konfliktlinie: Sie verläuft nicht zwischen Beratern und öffentlichem Dienst, sondern innerhalb des öffentlichen Diensts zwischen jenen, die für NPM zuständig sind, und anderen, deren Bereich verändert wird. Erstere haben Berater in der Regel auf ihrer Seite, oder sind gar diejenigen, die Berater beauftragen. Zweitere sind in gewisser Weise die Objekte der Veränderungen, der Menschenzoo.

Die „kulturellen" Grenzen der Umsetzung bzw. Wirksamkeit von NPM, gemeint sind Einstellungs- und Verhaltenskontinuitäten langjähriger Mitarbeiter, schwanken zwischen resignierten Stereotypisierungen der anderen Seite und konstruktiven Lösungsvorschlägen, damit umzugehen. Diese Lösungsvorschläge basieren vor allem darauf, verwaltungserfahrene Berater einzusetzen (siehe Abschnitt 4.4) und Lösungen von Beratern und Mitarbeitern des öffentlichen Diensts gemeinsam erarbeiten zu lassen:

Beauftragter für die Einführung neuer Steuerungsinstrumente im Kultusministerium eines Bundeslands:

Wir hatten zum Beispiel bei [Name eines Beratungsunternehmens] zwei Berater, die aus dem Bildungsbereich kamen, die also eine ganz andere Glaubwürdigkeit mitgebracht haben und auch von der Ausbildung her wussten, was sich hinter gewissen Vokabeln oder Prozessen verbirgt. Wie Lehrer funktionieren und denken, das ist schon wichtig. Die menschliche, die psychologische Seite muss man auch sehen. [...] Jemand, der direkt von der Hochschule in die Unternehmensberatung wechselt, der hat zwar ein großes betriebswirtschaftliches Fachwissen, aber die Fähigkeit, sich auf das Vokabular und auch auf die Gedankenwelt der zu Beratenden einzustellen, das ist dann wahrscheinlich eher begrenzt."

Bürgermeister einer mittelgroßen Stadt im Verwaltungsreform-Prozess:

„Das Hauptproblem liegt darin, dass viele Steuerungsinstrumente einführen, ohne dass der Betrieb selbst aktiv an der Entwicklung mitarbeitet. Das führt dann häufig dazu, dass Modelle übergestülpt werden, die theoretisch vielleicht funktionieren können, aber nicht im Unternehmen greifen, weil die Belegschaft bzw. die Mitarbeiterinnen und Mitarbeiter nicht daran mitwirken konnten und damit die Akzeptanz nicht vorhanden ist für entsprechende Maßnahmen. Das ist dann eher kontraproduktiv."

Teilbereichsleiter der Stabsstelle für Verwaltungsmodernisierung im Innenministerium eines Bundeslands:

„Das Problem bei sehr großen Projekten ist, dass die Gefahr besteht, dass die Berater keinen Gegenpart haben und sich dann zu stark durchsetzen und das Ganze zu stark betriebswirtschaftlich wird. Diese Gefahr sehe ich zurzeit bei [derzeitiges Beratungsprojekt; d.Verf.]. [...] Was unglücklich ist aus meiner Sicht, wenn der Berater auch gleichzeitig der Projektleiter ist, weil er dann auch sehr leicht die Gruppe ‚vergewaltigen' kann, sage ich mal. Besser ist es, jemand aus der Verwaltung leitet die Projektgruppe und der Berater bringt sein Wissen mit ein."

Damit kristallisieren sich konkrete Lösungsmöglichkeiten heraus: Erstens gilt es, Berater einzusetzen, die Erfahrung mit dem öffentlichen Dienst haben oder sogar einen beruflichen Hintergrund dorther haben (siehe Abschnitt 4.4), und zweitens gilt es, Projektteams gemischt mit Beratern und Mitarbeitern der Verwaltung zu besetzen, so dass sie bereits in der Projektarbeit als gegenseitige Korrektive wirken können. Letzteres, die gemischte Zusammensetzung von Projektteams, gehört seit vielen Jahren zur üblichen Beratungspraxis. Zusammenfassend lässt sich feststellen, dass die Grenzen der Einsetzbarkeit oder der Wirkung von NPM nicht nur durch rechtlich-strukturelle Rahmenbedingungen gesetzt sind, sondern dass darüber hinaus auch verhaltensbedingte und kommunikationsbezogene Herausforderungen bestehen. Für die Reformzuständigen im öffentlichen Dienst und für Berater ergibt sich die Notwendigkeit, die Mitarbeiter des öffentlichen Diensts von Anfang an intensiv in den Prozess mit einzubeziehen – bis hin dazu, dass eine Führungskraft der Verwaltung als Projektleiter fungieren soll und der Berater eher Projektmitarbeiter wird. Dann stellt sich allerdings die Frage, ob die oben herausgearbeitete Kernkompetenz der Berater, das Projektmanagement, voll zur Wirkung gebracht werden kann.

6 Fokus eGovernment: Verwaltungsreformen und Beratereinsatz

6.1 eGovernment als Katalysator von Verwaltungsreformen

Unter dem Begriff eGovernment verfolgen seit Ende der neunziger Jahre eine Reihe von Verwaltungseinheiten insbesondere solche Reformansätze, die verstärkt Informations- und Kommunikationstechnologien einsetzen. An zentraler Stelle steht die Nutzung des Internets. Damit sollte vor allem der Geschäftsverkehr mit Bürgern und Unternehmen sowie zwischen Verwaltungen elektronisch abgewickelt werden. Darüber hinaus erhoffte man sich, vor allem zu Beginn der eGovernment-Ideen, neue Formen der politischen Partizipation und damit eine Art elektronische Demokratie zu ermöglichen. Letzteres wird inzwischen kaum noch diskutiert, so dass der Anwendungsbereich von eGovernment sich heute in drei Varianten einteilen lässt: Verwaltung zu Verwaltung (internes eGovernment; Government to Government, G2G); Verwaltung zu Unternehmen (Government to Business, G2B) und Verwaltung zu Bürgern (Government to Citizen, G2C) (vgl. Schweizer und Bornhauser 2005: 319; Booz Allen Hamilton 2002: 20; Gisler 2001: 21).

Government to Government-Lösungen beschreiben den Datenaustausch zwischen und innerhalb einzelner Regierungs- und Verwaltungsinstitutionen über das Internet oder Intranet. Beispiele wären der Austausch von Daten zwischen dem Einwohnermeldeamt und den Stadtwerken oder zwischen Finanzbehörden (vgl. Gisler 2001: 20 f.; Booz Allen Hamilton 2002: 21). Government to Citizen-Lösungen decken die Beziehungen zwischen Verwaltung und Bürgern ab. Behörden bieten hier den Bürgern vor allem Informationsdienste, aber auch Kommunikation und „Transaktionen" über das Internet an. Ein Beispiel hierfür ist die elektronische Kommunikation zwischen Bürger und Finanzamt, in der ein Bürger seine Steuererklärung online abgibt und seinen Steuerbescheid per E-Mail erhält. Government to Business-Lösungen schließlich beschreiben das Beziehungssystem zwischen der Verwaltung und einzelnen Unternehmen. Beispiele hierfür sind die elektronische Antragstellung für Fördergelder durch Unternehmen und der Einkauf von Gütern und Dienstleistung für die öffentliche Hand (eProcurement oder eSourcing) sowie die Ausschreibung von Aufträgen der öffentlichen Hand über das Internet.

Bei allen drei Formen des eGovernment kann man wiederum drei verschiedene Grade des Einsatzes von Informationstechnologien bzw. des Internets unterscheiden: Die Stufe der reinen Information umfasst den elektronischen Abruf von Informationen der Verwaltung durch den Benutzer. Die Stufe der Kommunikation umfasst den elektronischen Austausch von Nachrichten zwischen einzelnen Personen oder Gruppen innerhalb und außerhalb der

Verwaltung. Die Stufe der Transaktion umfasst die Auslösung von elektronischen Prozessen der Güterbewegung oder der elektronischen Erbringung von Dienstleistung bzw. den Datenverkehr, der zur Erstellung einer solchen Leistung erforderlich ist.

Schweizer und Bornhauser (2005: 319 f.) führen das Aufkommen von eGovernment in der öffentlichen Verwaltung auf drei Gründe zurück. Erstens bestehe aufgrund der chronischen Finanzmittelknappheit im öffentlichen Sektor ein erhöhter Kostendruck; der verstärkte Einsatz von IT verspricht Prozessvereinfachungen und Zeiteinsparungen und damit Kostenentlastung. Zweitens seien durch den technologischen Wandel die Ansprüche der Bürger an die öffentliche Verwaltung in Bezug auf Flexibilität und Transparenz gestiegen. Drittens sorge der internationale Wettbewerbsdruck dafür, dass Verwaltungen mit einer schnelleren Bearbeitung von Genehmigungen und höheren Kosteneffizienz im Rahmen ihrer Ansiedlungspolitik einen Standortvorteil für die Wirtschaft bieten müssten. Die Hauptziele des eGovernment lägen entsprechend in der Kostensenkung durch Effizienzsteigerung und in der gesteigerten Flexibilität und Transparenz von Behörden, also einer größeren Servicequalität und Bürger- bzw. Unternehmensorientierung. Die damit zusammenhängende Erhöhung der Standortattraktivität gilt als übergreifendes Ziel (vgl. Schweizer & Bornhauser 2005: 319 f.; Tapscott 1995: 163).

Operativer ausgedrückt lassen sich als Subziele des eGovernment ein ortsnaher Kundenzugang, Vermeidung von doppelten Angaben in Formularen und deren Benutzerfreundlichkeit, Verringerung der Aktensuchzeiten sowie eine höhere Transparenz der Vorgänge formulieren (vgl. Schweizer & Bornhauser 2005: 320). Ziel sei es, die Anzahl der Schnittstellen zum Nutzer möglichst gering zu halten und einfach zu gestalten. Die Verwaltung soll erreichen, dass der Nutzer seine Anfragen und Anträge aller Art bei nur einer Stelle bzw. einem Webportal abgeben muss (so genannter „One-Stop Shop"-Ansatz). Dutton (1999: 190) sieht durch den verstärkten Einsatz von Informationstechnologie zusätzlich eine Verbesserung des Zugangs zu öffentlichen Leistungen für ethnische Minderheiten, die Landbevölkerung und Behinderte. Ein möglicher Konflikt zwischen eGovernment und NPM besteht in der Finanzierung des eGovernment, welches mitunter hohe Investitionen in Informationstechnologie erfordert, aus NPM-Sicht damit zunächst einer Kostenreduzierung widersprechen könnte (Homburg 2004: 551).

eGovernment wird dementsprechend als zentraler Reformansatz bzw. Reformtreiber im öffentlichen Sektor gehandelt. Es baut auf die Entwicklung von Geschäftsmodellen in der Privatwirtschaft auf; Erfahrungen mit eCommerce-Konzepten in Unternehmen werden im Rahmen des eGovernment auf staatliche Aktivitäten übertragen. eGovernment wird daher auch häufig als das „eBusiness des Staates" bezeichnet, der nun mit Hilfe von Informationstechnologie seine Prozesse schneller und kundenfreundlicher abwickeln kann (Gisler 2001: 25). Aber über Kundenfreundlichkeit, Schnelligkeit und Kostensenkungen hinaus versprach man sich von eGovernment noch etwas Höheres: einen „Paradigmenwechsel" in der öffentlichen Verwaltung. Mit eGovernment sollten Netzwerkstrukturen zum Wissensaustausch und neue Kooperationen mit externen Stakeholdern ermöglicht werden; im Idealfall eine Alternative zu Bürokratie entstehen bzw. dessen Dysfunktionen beseitigt werden.

Im Gegensatz zur starken Binnenorientierung des NPM konzentriert sich eGovernment also stärker auf die Regelung externer Beziehungen der öffentlichen Verwaltung. Während NPM sich auch auf indirekte Steuerungsmechanismen wie Ziele oder Märkte bezieht, beschränkt sich eGovernment auf die direkte Veränderung von operativen Prozessen, hauptsächlich in der Sachbearbeitung (vgl. Schuppan & Reichard 2004: 18). Scheer et al. (2003: 42) schlagen parallel zur Einführung von eGovernment eine Reorganisation der Verwaltungsprozesse und -strukturen vor, um sie nach den neuen Anforderungen umzugestalten. Die Schlagworte sind dabei Prozessorganisation und Schnittstellenmanagement statt funktionaler Struktur. Ein Redesign von Prozessen werde dabei bei nahezu allen Transaktionen notwendig, um eine medienbruchfreie[20] Online-Abwicklung der Bearbeitungsschritte zu gewährleisten. Dazu wird die Organisation der Verwaltung in „Front Office" und „Back Office" propagiert (Homburg 2004: 551). Das Front Office stellt dabei die leistungsübergreifende „One-Stop"-Schnittstelle zum Kunden dar. Im Back Office sollen restrukturierte, IT-gestützte Verwaltungsprozesse ablaufen.

Die Vorreiter des eGovernment sind wie bei der Entwicklung des NPM die angelsächsischen Länder: USA und Großbritannien, gefolgt von Kanada, Australien und Neuseeland (Chadwick & May 2003: 272). Als Pionier der eGovernment-Welle werden die USA betrachtet. Die Clinton-Administration postulierte in den neunziger Jahren, welche Potenziale für den öffentlichen Sektor in neuer Informationstechnologie steckten. Deren Einsatz wurde zentraler Bestandteil der Agenda des „National Performance Review". Das darauf folgende „National Partnership for Reinventing Government"[21] und deren Bericht „Access America" öffneten 1997 den Weg für das erste Regierungsportal im Netz (Chadwick & May 2003: 285 f.). Das Portal „FirstGov" der US-Bundesregierung wurde 2000 geöffnet und stellte damals einen ersten „One-Stop Shop" bundesbehördlicher Leistungen dar. In Großbritannien wurde man stark von den US-Ansätzen inspiriert. New Labour kündigte in dem Grundsatzpapier „Modernising Government" nach dem Wahlsieg 1997 an, die Beziehungen zwischen Staat und Bürgern grundlegend zu reformieren. Die eGovernment-Bestrebungen wurden in Großbritannien ebenfalls direkt durch die Exekutive, durch das Cabinet Office und den dort angesiedelten „e-envoy" (Internetbeauftragten) angetrieben und koordiniert. Zusätzlich wurde ein e-minister benannt, der direkt dem Premierminister unterstellt ist. Im Jahr 2000 wurde das „Strategic Framework", ein Strategiepapier zum koordinierten eGovernment formuliert. Gleichzeitig startete der damalige Premierminister Blair die Initiative „UK Online", die noch im selben Jahr in ein gleichnamiges Internetportal für behördliche Leistungen mündete.

---

[20]   Als Medienbrüche werden Inkonsistenzen in Verwaltungsverfahren bezeichnet. Ein Medienbruch tritt z. B. auf, wenn Formulare zwar elektronisch ausgefüllt, dann jedoch ausgedruckt und manuell bearbeitet werden müssen.

[21]   Die „National Partnership for Reinventing Government" Taskforce war ein übergreifendes Reformvorhaben der US-Bundesbehörden. Es ging aus der Initiative „National Performance Review" hervor und beschäftigte unter der Leitung Al Gores 250 Mitarbeiter (Chadwick & May 2003).

In Deutschland gelangte eGovernment erst durch die Schröder-Regierung auf die Reform-agenda. Auf Bundesebene wurde die eGovernment-Strategie des Bundes eng mit dem Leitbild des „aktivierenden Staates" verbunden und unter dem Dach der Stabsstelle „Moderner Staat-Moderne Verwaltung" im Bundesministerium des Innern (BMI) koordiniert. eGovernment stellt seitdem neben dem modernen Verwaltungsmanagement und dem Bürokratieabbau eine der drei Säulen zur Modernisierung der Bundesverwaltung dar. Ende 2000 startete der Bund die eGovernment-Initiative „BundOnline 2005" (vgl. BMI 2004a: 8). Ziel dieser Initiative war es, alle internetfähigen Dienstleitungen des Bundes in den oben genannten Bereichen G2C, G2B und G2G online zur Verfügung zu stellen. Zum Start der Initiative wurden rund 400 solcher internetfähigen Leistungen identifiziert, die heute nach Abschluss des Projekts weitgehend elektronisch realisiert werden können.

Durch Föderalismus und kommunale Selbstverwaltung gab und gibt es neben der Initiative auf Bundesebene eine Reihe weiterer eGovernment-Ansätze in den Ländern und Kommunen. Auf kommunaler Ebene reichen die Ansätze von rein informativen Webseiten bis hin zu stark transaktionsorientierten Behördenportalen. Als typische Beispiele für rein kommunale Online-Dienstleistungen können die Beantragung von Anwohnerparkausweisen, An- und Abmeldung bei Wohnortwechsel oder die Reservierung eines Kfz-Wunschkennzeichens gelten. Solche Standardprozesse werden in vielen Städten seit einigen Jahren medienbruchfrei realisiert. In Nordrhein-Westfalen bspw. setzt sich das Public Private Partnership „Digitales Ruhrgebiet / NRW" seit 2002 dafür ein, dass NRW in Deutschland der Vorreiter bei eGovernment auf Landesebene wird. Mit dem Service Center „C@ll NRW" ist ein landesweiter, per Internet, Telefon und Email erreichbarer One-Stop Shop für Verwaltungsdienstleistungen des Landes geschaffen worden.

Um die verschiedenen eGovernment-Strategien aller Verwaltungsebenen zu harmonisieren, hat die damalige Bundesregierung im Juni 2003 in Zusammenarbeit mit den sechzehn Ministerpräsidenten der Bundesländer die gesamtdeutsche Initiative „Deutschland-Online" zur Zusammenarbeit des Bundes, der Länder und der Kommunen ins Leben gerufen (BMI 2004b: 4). Ziel dieser Initiative war der verbesserte Datenaustausch über gemeinsame Dateninfrastrukturen, die Entwicklung gemeinsamer Datenstandards und -prozesse, die Koordinierung von eGovernment und die Übertragung von Best Practice-Modellen aus einzelnen Verwaltungen. Zusätzlich sollten den Bürgern Verwaltungsleistungen online angeboten werden, die die Zusammenarbeit verschiedener Verwaltungsebenen erforderten. Beispielhaft kann hier die elektronische Antragstellung eines elektronischen Führungszeugnisses oder eine BAföG-Finanzierung für Schüler und Studenten angeführt werden. Auch dieses Projekt ist inzwischen abgeschlossen.

Neben den Initiativen der Verwaltungen selbst gibt es in Deutschland eine Reihe weiterer Institutionen, die sich mit dem Reformkonzept eGovernment beschäftigen. Die Verwaltungshochschulen, besonders die Deutsche Hochschule für Verwaltungswissenschaften sowie die Lehrstühle und Institute für öffentliches Management an verschiedenen Universitäten, setzen sich akademisch mit dem Thema eGovernment auseinander. Am Kommunalwissenschaftlichen Institut der Universität Potsdam beschäftigte sich das Forschungsprojekt „eLogo" (electronic local government) mit den Potenzialen des eGovernment in der Kommunalverwaltung. Innerhalb der KGSt diskutiert der „Strategiezirkel E-Government" ebenfalls über kommunales eGovernment. Das eGovernment-Zentrum der Fraunhofer Gesellschaft beschäftigte sich als Kompetenznetzwerk aus acht verschiedenen Fraunhofer-Instituten mit eGovernment-Konzepten und wird auch beratend für die öffentliche Verwaltung tätig (Fraunhofer 2009). Die Bertelsmann-Stiftung betrieb mit „Balanced E-Government" ein Projekt zur „Verbesserung der Beziehungen zwischen Bürgern und Staat" und entwickelte ein Verfahren zur Selbstbeurteilung von eGovernment-Lösungen der öffentlichen Verwaltung (Bertelsmann 2009). Darüber hinaus engagieren sich eine große Zahl von Unternehmensberatern und Systemanbietern in diesem Segment.

6.2   Anspruch und Realität des eGovernment

Wie zuvor angemerkt, versprach man sich von der verstärkten Nutzung von Informationstechnologie im öffentlichen Dienst zunächst zwei konkrete Aspekte: interne Kosteneinsparungen sowie gleichzeitig einen besseren Service für Bürger, Unternehmen und andere Verwaltungsdienststellen. In Veröffentlichungen von McKinsey wurden durch die Einführung von eGovernment bspw. allgemeine Kostenvorteile von bis zu 45 % (Al-Kibsi et al. 2001: 45) oder am Referenzbeispiel der Stadt Stuttgart jährliche Einsparpotenziale von zwölf Millionen Euro (Apelt 2005: 109) genannt.

Bezüglich eines besseren Service sind durch die zunehmende Digitalisierung von Information und Kommunikation die Erwartungen der Bürger an die öffentliche Verwaltung seit 10 Jahren gestiegen. Darüber hinaus wurde von Wirtschaftsverbänden die Geschwindigkeit der Bearbeitung von Anträgen und allgemein der Umgang zwischen Behörden und Unternehmen zunehmend als Entscheidungsfaktor von Standortwahl genannt (Schweizer & Bornhauser 2005: 319 f.; Tapscott 1995: 163). Die Einführung von eGovernment und die damit verbundenen Effizienzsteigerungen oder größere Kundennähe bekamen damit die oben erwähnte standortpolitische Dimension. Von eGovernment versprach man sich etwas Höheres als allein Kostensenkungen und besseren Bürgerservice: einen Paradigmenwechsel in der öffentlichen Verwaltung. Es sollten Netzwerkstrukturen zum Wissensaustausch und neue Kooperationen insbesondere mit Unternehmen ermöglicht werden:

> Referatsleiter Medien und Multimedia in der Staatskanzlei eines Bundeslands:
>
> „Es geht uns um die Verknüpfung der Wertschöpfungsketten von Staat und Unternehmen, also um vollelektronische Verwaltungsabläufe, die in die Prozesse der Unternehmen integriert sind. Schauen Sie, von allen Schnittstellen, die die verschiedenen Unternehmen haben, haben sie nur eine, die sie gemeinsam haben. Der Staat ist die einzige Organisation, mit der alle Organisationen aus allen Branchen zu tun haben. Die Verwaltung soll als Zulieferer der Unternehmen dienen."

Prüfen wir mit Hilfe von Aussagen Beteiligter, ob diese Ziele erreicht worden sind, dann wird schnell deutlich, dass es hier vielfach zu Enttäuschungen gekommen ist. Auf die Frage, ob die Ziele nach der Einführung von eGovernment erreicht werden konnten, gab es nur in wenigen Fällen positive Antworten:

Projektleiter eGovernment eines Bundesministeriums:

„Z. B. die Zollauktion, die Versteigerung liegen gebliebener Zollartikel über das Internet, wo die so um die sechs Millionen Mehreinahmen im Jahr erzeugen, dadurch, dass die liegen gebliebenen Güter nicht mehr an Orten, zu denen keiner hinkommt versteigert werden. Da blieb früher viel liegen oder es wurden ganz schlechte Preise erzielt. Die versteigern jetzt im Internet und dadurch haben die natürlich einen ganz anderen Kundenkreis, können jetzt alles verkaufen, können es schneller verkaufen und können es auch teurer verkaufen."

Projektleiter eGovernment einer Bundesbehörde:

„Der dankbarste Abnehmer von elektronischen Dienstleistungen der Verwaltung ist sicherlich die Wirtschaft. Das wird oft nicht genügend bedacht. Das ändert sich ja jetzt auch, dass die Wirtschaft als Kunde der öffentlichen Verwaltung da in den Blick rückt, die ja natürlich die IT-Infrastruktur haben, um eben auch elektronisch mit der Verwaltung zu kommunizieren."

Ein Mehrwert entstehe für den Nutzer immer dann, wenn eGovernment die Transaktion mit der Verwaltung in häufig vorkommenden Standardprozessen erleichtere. Der Nutzen von eGovernment steigt mit der Anzahl der Verwaltungskontakte. Dadurch entsteht auf beiden Seiten die Möglichkeit, Transaktionskosten zu senken, was vor allem auf institutionelle Nutzer wie privatwirtschaftliche Unternehmungen und andere Organisationen zutrifft. Diese verfügen zumeist auch über die technischen Voraussetzungen, um elektronische Dienstleistungen der Verwaltung zu nutzen. Die Möglichkeit, ein Fahrzeug online zuzulassen, ist für eine Einzelperson zwar nützlich, weil man sich dafür nicht extra frei nehmen muss, aber es ist für einen einzelnen Bürger kein häufiger Vorgang, so dass der Nutzen nicht erheblich ist. Wirklich relevant ist eine solche Möglichkeit jedoch für einen Kfz-Händler, der auf täglicher Basis Neu- und Gebrauchtwagen an- und abmelden muss.

Die Potenziale des eGovernment werden heute jedoch oft kritisch eingeschätzt. Typisch sind etwa die folgenden Einschätzungen:

Referatsleiter eGovernment und Leiter des Arbeitskreises eGovernment in der Projektgruppe Verwaltungsreformen in der Staatskanzlei eines Bundeslands:

„Die Ergebnisse würde ich momentan noch zurückhaltend beurteilen, und zwar weil es in der Umsetzung an den wirklichen Möglichkeiten, die einem eGovernment heute bietet, noch fehlt."

Projektleiter im öffentlichen Bereich einer international führenden Strategieberatung:

„Ich glaube, es ist aber fair zu sagen, dass selbst in den erfolgreichsten Ländern nicht das umgesetzt worden ist, was mal geplant war. Im Durchschnitt würde ich mal sagen, in Europa, Zielerreichungsgrad 50 Prozent."

Ausgerechnet der Zielerreichungsgrad hinsichtlich Kostensenkungen, also das primäre Ziel, wird von den Gesprächspartnern als schlecht beurteilt. Das läge vor allem darin begründet, dass mit eGovernment doppelte Strukturen geschaffen worden seien, die neben den traditionellen Verwaltungsabläufen entstanden seien und zusätzliche Ressourcen verbrauchten. Darüber hinaus hätten Produktivitätszuwächse nur eine bedingte Wirkung auf die Kosten der Verwaltung, da sich die Rationalisierung des Personals dort weitaus schwieriger gestaltet als im privatwirtschaftlichen Bereich. Die hohen Investitionen für die IT-Ausstattungen seien oftmals nicht durch Kostensenkungen kompensiert worden:

Projektleiter eGovernment einer Bundesbehörde:

„Na gut, Ihr [Verwaltungsmitarbeiter mit Hilfe von Beratern; d.Verf.] habt diesen Prozess durchaus mit Aufwand optimiert und mit IT unterstützt, habt dadurch das auch viel schneller und besser gemacht – Ihr habt aber noch so viele Leute wie vorher, Eure Haushaltsmittel sind auch noch genauso hoch. Das passt doch nicht zusammen. Dieser Spagat ist sicher bei vielen da."

Projektleiter im öffentlichen Bereich einer international führenden Strategieberatung:

„Der […] Grund ist, dass man sich davon Effektivitäts- und Effizienzsteigerungen verspricht, genau gesagt Kostensenkungen und Produktivitätssteigerungen verspricht. Eben weil man jetzt Transaktionskosten bei einer Steuererklärung von 3 Euro und nicht mehr von 27 Euro hat. Da aber habe ich noch nicht viele Erfolgsbeispiele gesehen, wo man wirklich jetzt hätte nachweisen können, dass durch eGovernment hätten Kosten gesenkt werden können. Insbesondere deswegen, weil wir ja von öffentlichen Bereichen reden und die Kosten, die da entstehen, im Wesentlichen Personalkosten sind, die ja auch dann noch bezahlt werden müssen, falls Sie das System wirklich produktiver gemacht haben. […] Das IT-System, das Sie da einführen, das kostet sowieso Geld. Das kostet in der Regel ziemlich viel Geld. […] Also Kostensenkungen, wenn das dein primäres Ziel ist, dann wird sich das mittelfristig nicht einstellen durch eGovernment."

Das Ziel der mittelfristigen Kosteneinsparungen ist also nicht nur durch die hohen Anfangsinvestitionen schwer zu erreichen, sondern vor allem dadurch, dass mit einem elektronischen Prozess der herkömmliche nicht ersetzt wird, sondern ein elektronischer Zusatzprozess geschaffen wird. Auch im Bereich der Kundenorientierung sehen die Gesprächspartner Schwierigkeiten. Zwar sind alle Formulare nun online zugänglich und von zuhause aus auszudrucken oder auszufüllen, aber schon diese trivialen Möglichkeiten von eGovernment führen nicht zwingend zu den erhofften Prozessentlastungen. Die komplexe Gestaltung vieler Anwendungen schränke den tatsächlichen Nutzen, den die Anwender aus eGovernment zögen, deutlich ein:

Berater einer mittelständischen Beratung mit Fokus auf den öffentlichen Sektor:

„Klassisches Beispiel: Beantragung von Sozialhilfe über eGovernment. Ist ein Widerspruch in sich. Welcher Sozialhilfeempfänger ist in der Lage, diesen Hartz-IV Antrag auszufüllen, wenn es ausgebildete Sachbearbeiter nicht schaffen? Und das dann auch noch in einer eGovernment-Lösung. Da wird eGovernment nur betrieben, um sagen zu können, wir haben das."

Die Hürde für elektronische Verwaltungsvorgänge liegt also nicht in der Zugänglichkeit von Formularen, sondern in deren Komplexität, die das Ausfüllen zu einer erklärungsbedürftigen Dienstleistung macht. Schon die Bereitschaft bzw. Fähigkeit der Bürger, elektronische Medien wie das Internet zu nutzen, ist begrenzt. Auf der einen Seite gibt es inzwischen eine Mehrheit, die problemlos elektronische Medien nutzt. Auf der anderen Seite gibt es jedoch immer noch eine sehr große Zahl von Personen, deren Bildungsstand, Computerkenntnisse, wirtschaftliche Situation oder Wohnort die Nutzung von eGovernment deutlich erschweren. Diese Spaltung der Gesellschaft, oft als „Digital Divide" bezeichnet, und die Kluft zwischen Internet-Durchdringungsgrad und soziodemographischer Verteilung in Deutschland scheinen sich inzwischen nicht mehr zu verkleinern, sondern zu verstetigen (D21[22] 2000, 2009). Menschen mit geringer Schulbildung, Senioren, Arbeitslose sowie Bewohner ländlicher Gebiete gehören zu den Bevölkerungsgruppen, die Schwierigkeiten haben, eGovernment-Dienste zu nutzen. Der Staat muss auch dies bei der Gleichbehandlung von Bürgern berücksichtigen und darf durch eGovernment-Services keine neuen Ungleichheiten entstehen lassen. Elektronische Dienstleistungen können daher lediglich als Alternative zur traditionellen Korrespondenz bestehen und diese nicht ersetzen. Als Folge ergeben sich Probleme hinsichtlich der Erreichung angestrebter Effizienzgrade (siehe dazu bereits James 2000: 63). So existiert für viele eGovernment-Anwendungen keine breite Nutzerbasis:

Referatsleiter Medien und Multimedia in der Staatskanzlei eines Bundeslands:

„Der Nutzen [von eGovernment; d.Verf.] ist leider sehr gering. In [Name eines Bundeslands] beispielsweise, […] da klicken sich vielleicht 1 % der Bürger ein- bis zweimal rein und dann war's das. Der Bürgernutzen ist also im Vergleich zu den Investitionen sehr gering. Da könnten wir wahrscheinlich für weniger Geld Pässe und Formulare mit dem Taxi liefern, beispielsweise an die Krankenschwester, die immer zu den Öffnungszeiten der Verwaltung Dienst hat."

---

[22]   Die Initiative D21 ist eine Partnerschaft zwischen Politik und Wirtschaft, die sich mit den Rahmenbedingungen für eine Informations- und Wissensgesellschaft in Deutschland beschäftigt hat, um dessen internationale Wettbewerbsfähigkeit zu steigern. In diesem Rahmen beschäftigt sich D21 auch mit den Möglichkeiten des eGovernment (D21 2009).

Projektleiter im öffentlichen Bereich einer international führenden Strategieberatung:

„Da kann man natürlich sagen, dass ein gewisser Desillusionierungseffekt bei eGovernment durchaus eingesetzt hat, weil gerade aus BundOnline ja nicht so richtig viel raus gekommen ist. Einige der eGovernment-Lösungen werden wieder verschwinden, genauso wie einige spinnerte eBusiness-Lösungen vom Bildschirm verschwunden sind. Ich würde eher sagen, es dauert alles etwas länger und ist mühsamer als wir uns das vorgestellt haben."

Auch rechtliche Bestimmungen erschweren eine effiziente Nutzung von eGovernment; z. B. machen sie den Einsatz von Verfahren zur elektronischen Authentifizierung wie der digitalen Signatur notwendig. Die technischen Voraussetzungen für die digitale Signatur wie Chipkarten, Lesegeräte und Software sind jedoch in der Anschaffung teuer und ihr Nutzen für die Bürger fraglich. So wurden z. B. im Bundesland Bremen 10.000 solcher Ausstattungen kostenlos durch die Verwaltung angeboten, von denen lediglich 6.000 Stück überhaupt einen Abnehmer fanden und noch deutlich weniger diese wirklich genutzt haben (Apelt 2005: 107).

Für eGovernment geeignet, so der Tenor, seien nur einfache Formulare, deren Ausfüllen nicht erklärungsbedürftig ist und bei denen die Online-Form von Anträgen falsche Einträge verhindere. Dies hat selbstverständlich auch Auswirkungen auf die erhoffte Komplexitätsreduktion von Vorgängen. Statt der erhofften Einsparungen bewirke eGovernment in einigen Fällen sogar eine gesteigerte Komplexität und aufwändigere Abläufe. Neue Stellen und Zuständigkeiten müssen geschaffen werden. Die Anzahl an Regeln und Vorschriften nehme durch die zusätzlichen Strukturen eher zu als ab:

Referatsleiter Medien und Multimedia in der Staatskanzlei eines Bundeslands:

„Durch unsere Online-Angebote schaffen wir eigentlich zusätzliche Bürokratie. Wir müssen schließlich neue Stellen für die Realisierung dieser Angebote schaffen, die dann auch in der Zuständigkeit irgendwo aufgehängt werden. In vielen Ländern wird sogar die Funktion des CIO [Chief Information Officer; d.Verf.] eingeführt. Viele Angebote, die wir realisieren, sind außerdem sehr komplex."

Geschäftsführer einer mittelgroßen Beratung mit Fokus auf den öffentlichen Sektor:

„Das Hauptproblem ist, dass eGovernment im Moment insgesamt zu einer noch größeren Regelungswut führt. Wir haben noch mehr Bürokratie bekommen, weil man sich einfach von nichts trennen kann. Es gibt eben diesen wirklichen Paradigmenwechsel nicht, dass man sagt, wir machen jetzt nur noch eGovernment. Wir bieten ja alles so bürokratisch an wie vorher und haben jetzt noch irgendwas zusätzlich, was auch noch geregelt werden muss. […] Im Moment ist es eher noch mehr Bürokratie geworden."

Viele Elemente der Bürokratie finden sich offenbar auch in Konzepten des eGovernment. Webers Aktenmäßigkeit bspw. setzt sich in digitalisierter Form fort, was zwar die Transparenz bürokratischer Vorgänge erhöht, da Vorgänge nun für mehr Beteiligte einfacher zugänglich sind. Die erhöhte Transparenz führt jedoch auch zu Widerständen bei Beteiligten, da eGovernment so die Kontrollmöglichkeiten erhöht (Schuppan & Reichard 2004: 20). Die zentralen Eigenschaften der Bürokratie bleiben auch nach der Einführung neuer Informationstechnologie weitgehend bestehen (Fountain 2002: 137). Auch West (2004: 16-17) bestätigt, dass in der Vergangenheit Verfahren oft lediglich elektronisch dupliziert worden seien; die bürokratische Grundstruktur der öffentlichen Verwaltung werde kaum beeinflusst.

In allen Zielsetzungen des eGovernment – Kostensenkung, Bürgernähe, interne Entbürokratisierung – beurteilen die Interviewpartner die Zielerreichung also als sehr begrenzt. Zwischen den antizipierten oder zumindest erhofften Effekten und der Realität klafft eine Lücke. Diese Diskrepanz zwischen Anspruch und Realität führt zurück zu den Ausführungen in Abschnitt 3.2. Dort wurde auf Basis des soziologischen Neoinstitutionalismus argumentiert, dass Organisationen nicht zwangsläufig ökonomisch rational handeln, sondern ihre Organisation nach den Erwartungen ihrer Umwelt gestalten – und zwar unabhängig von der ökonomischen Effizienz solcher Maßnahmen. Aus dieser Sicht werden Organisationen nicht vornehmlich als ökonomisch rationale Konstrukte betrachtet, sondern als gesellschaftlich konstruierte Handlungsfelder. Sie werden in ihrer Struktur und in ihren Prozessen nicht vornehmlich durch Effizienzkriterien, sondern durch Regeln und Erwartungen ihrer Umwelten bestimmt (DiMaggio & Powell 1983; Scott & Meyer 1991). Politik und Verwaltung reagieren mit eGovernment-Konzepten auf die Erwartungen der Verwaltungsumwelten. Diese setzen sich zusammen aus Bürgern und Unternehmen, der Presse, aber auch aus der Legislative, also Politik, sowie aus anderen Verwaltungsdienststellen. Organisationen versuchen, nach außen hin bestimmten Erwartungen zu entsprechen, auch wenn dies in den internen Strukturen nicht ökonomisch umsetzbar ist (sogenannte „Entkopplung" oder „window dressing") bzw. keine innere Effizienz- oder Wirksamkeitssteigerung bewirken könnte (siehe Abschnitt 3.2).

Mit Modernität wird im Informationszeitalter ein angemessener Einsatz von Informationstechnologie, insbesondere des Internets, verbunden. In einer Gesellschaft, in der die Bürger zunehmend elektronisch kommunizieren, erwarten diese ein entsprechendes Angebot von der Verwaltung. Diese reagiert ihrerseits mit eGovernment-Konzepten auf diese Erwartungen, ohne dass sie dies effizienter macht. Der Einsatz von Informationstechnologie wird in den Umwelten der Verwaltung als rational betrachtet und nicht mehr hinterfragt; er ist „institutionalisiert". Umgekehrt erscheint eine Organisation, die Informationstechnologie nicht wie erwartet einsetzt, als unmodern und wenig rational, selbst wenn der Einsatz von Informationstechnologie ökonomisch nicht zwingend sinnvoll ist (Walgenbach 1999). Die Gesprächspartner sind sich darin einig, dass Kunden der öffentlichen Verwaltung ein den Dienstleistungen der Privatwirtschaft entsprechendes elektronisches Angebot erwarten. Diese Angebote umfassen z. B. den schnellen, ortsungebundenen und rund um die Uhr verfügbaren Zugriff auf das Leistungsangebot der Verwaltung.

Projektleiter eGovernment einer Bundesbehörde:

„Die [Kunden der Verwaltung; d.Verf.] sind auch aus anderen Lebensbereichen einen ganz anderen Servicegedanken und Leistungsgedanken gewohnt und richten diesen auch an die Verwaltung. Es gibt daher auch neue Anforderungen an diese, die durch

neue Techniken wie Internet usw. gefördert und promoted, den 24/7-Service bereitzu-
stellen, Response-Zeiten verbessern etc."

Projektleiter eGovernment eines Bundesministeriums:

„Es gab ja so um 2000 herum diesen Internethype und die Unternehmen fingen an, sich
so aufzustellen, dass man im Internet einkaufen konnte, Kontakt aufnehmen konnte, Informationen finden konnte. Und das Gleiche will dann natürlich eine moderne Verwaltung auch tun. Das war dann auch gerade in der Zeit ein Ziel, das man auch leicht politisch vermitteln konnte und das auch die Entscheidungsträger sehr schnell angenommen haben. Internet, Modernität, zukunftsweisend und so, das war ja absolut mit dem
Internet assoziiert, und so ist das ja heute auch noch."

Unter diesem Druck der Kundenbedürfnisse wird also auch die Verwaltung getrieben,
eBusiness-Konzepte der Privatwirtschaft aufzunehmen, und zwar ohne vorherige Effizi-
enzprüfung. Die Verwaltung muss dem Druck nachgeben und ebenfalls e-Lösungen anbieten, selbst wenn dadurch eine Dopplung statt Einsparung von Prozessen erzeugt wird.

Mitunter haben Verwaltungseinheiten anderer Verwaltungsebenen oder die Verwaltungen
anderer Nationalstaaten bereits eGovernment-Konzepte implementiert. Zwar befinden
sich Verwaltungen nicht in direkter Konkurrenz zueinander wie Unternehmen der Privatwirtschaft, streben aber trotzdem nach Legitimität. So gelten Landesverwaltungen in
bestimmten Ländern als besonders innovativ und modern, wenn sie eGovernment-
Konzepte mit Hochdruck weitertreiben. Das erhöht den Druck auf die übrigen Verwaltungen, eGovernment einzuführen und führt zu mimetischen Prozessen.

Seniorberater einer internationalen Beratung mit Fokus auf Prozessoptimierung:

„Anfangs war es [der Grund für eGovernment; d.Verf.] eben modern sein, also mit dabei sein, etwas anzubieten, was auch up-to-date ist. Das heißt, man hat auch in erster Linie Informationsangebote gehabt, man hat, jede Abteilung zum Teil, jedes Haus, jede
nachgeordnete Behörde hat ihre eigene Website entwickelt, zum Teil auch mit großem
Wildwuchs, ohne Standards oder irgendetwas. […] Dann kam mit Aufkommen von
BundOnline zumindest auf Bundesebene eine gewisse Systematik rein."

Projektleiter im öffentlichen Bereich einer international führenden Strategieberatung:

„[…] wie ich […] gerade in [Name eines Bundeslands, d.Verf.] erlebe. Jeder macht
eGovernment im Moment. Also müssen wir das auch machen. Es ist ein Modethema,
das von einigen als Vorreiter aufgegriffen wurde, das dann andere nachmachen, einfach
weil man das jetzt halt machen muss. Man kann kein Land sein, man kann keine Kommune sein, man kann keine Lokalregierung sein, kein Bundesland sein, das keine
eGovernment-Initiative hat, das geht nicht, das ist rückständig."

Wir fassen zusammen: Der Anspruch oder zumindest die gehegten Hoffnungen von
eGovernment bezogen sich auf drei Aspekte: Kostensenkungen, die in Anbetracht knapper
öffentlicher Haushalte auch von der Politik dringlich angemahnt wurden, ein verbesserter

Service für Bürger, Unternehmen und andere Dienststellen sowie eine interne Vereinfachung von Verfahren, also Bürokratieabbau. Dass es zu Kostensenkungen gekommen sei, wurde von unseren Gesprächspartnern nicht bestätigt. Im Gegenteil, die Einführung von eGovernment hat in vielen Fällen zu Parallelverfahren geführt. Damit wurde auch das Ziel der internen Verfahrensvereinfachungen vielfach nicht erreicht. Gerade die Hoffnung, durch den verstärkten Einsatz von Informationstechnologie ein „Reengineering" der Geschäftsprozesse vornehmen zu können, wurde oftmals durch die zusätzlich geschaffenen Strukturen zum Aufbau elektronischer Kommunikation mit Bürgern und Unternehmen konterkariert.

Bezüglich einer stärkeren Bürgernähe sind insofern einige Ziele erreicht worden, als Informationen und Antragsformulare im Internet zur Verfügung gestellt werden. Der eine oder andere Behördengang konnte Bürgern und Unternehmen damit erspart werden; Unternehmen wie beispielsweise Kfz-Händler, bei denen Zulassungen zur Betriebsroutine gehören, profitieren am meisten. Auch der Austausch mit anderen Dienststellen erfolgt heute selbstverständlich mehr per Email oder medienbruchfreiem Datenaustausch als früher. Jedoch beziehen sich diese Aspekte der gewonnenen Bürgerfreundlichkeit vor allem auf eher triviale Vorgänge. Schon das Ausfüllen von Anträgen, also was mit der einen oder anderen Frage gemeint sei, welche Aspekte in einer bestimmten Tabelle gefragt sind und welche weggelassen werden können, ist in vielen Fällen eine erklärungsbedürftige Dienstleistung, für die ein Behördengang notwendig bleibt.

Der Einführung von eGovernment sind keine Effizienzprüfungen vorausgegangen, sondern ein normativer Druck, so schnell und umfangreich wie möglich eGovernment-Lösungen einzuführen. Dass die Einführung von IT zu Effizienzsteigerungen führen würde, wurde allgemein angenommen. Ein Verzicht auf eGovernment oder bereits eine genaue Prüfung der Möglichkeiten hätte eine Verwaltung in den Verdacht gesetzt, unmodern zu sein. Die tatsächliche Rationalisierung der Verwaltung durch eGovernment, also Steigerung von Effizienz und Effektivität, stand nicht im Vordergrund und wurde auch nur eingeschränkt erreicht. Schon Schuppan und Reichard (2004: 19-20) merkten vor einigen Jahren an: „E-Government eignet sich im Übrigen gut dazu, Reformrhetorik und Reformmythen aufzubauen. Das Bereitstellen und die gemeinsame Nutzung von Informationstechnologie sind ein hervorragendes Mittel, um Reformbereitschaft außenwirksam darzustellen, ohne die Arbeitsorganisation tatsächlich anpassen zu müssen".

6.3   Die Rolle von Beratern in der eGovernment-Arena

Wenn die Ergebnisse von eGovernment-Projekten also oft deutlich begrenzter sind als die anfänglichen Hoffnungen, stellt sich die Frage nach der Rolle von Beratern. Von Bedeutung ist dabei nicht nur die Frage, inwieweit sie zur Zielerreichung von eGovernment-Projekten im Sinne von Effektivität und Effizienz beigetragen haben, sondern auch, ob und inwiefern sie zum oben genannten institutionalistischen Druck beigetragen haben. Klar ist, dass nahezu alle großen Beratungsgesellschaften eGovernment-Kompetenz auf ihren Webseiten anführen und zum Teil Bücher, Studien und Artikel in Fachzeitschriften zu diesem Thema veröffentlicht haben (z. B. Booz Allen Hamilton 2002; Scheer et al. 2003; Cap Gemini 2004). Diese sollen die Kompetenzen der Firma unterstreichen und als Referenz wirken. Eine unmittelbare Auswirkung von Veröffentlichungen auf die Vergabe entsprechender Beratungsaufträge in der Verwaltung besteht nach Aussage der Führungskräfte der Verwaltung nicht, wobei sie immer wieder auf die Ausschreibungspflicht bei größeren Projekten hinweisen (siehe dazu Kapitel 4).

Bei der Frage nach dem Erfolgsbeitrag der Unternehmensberater in den entsprechenden Projekten zeigte sich ein positives Bild. Es überwiegen Äußerungen, dass Berater in den eGovernment-Projekten eine große Rolle spielen bzw. die Projekte ohne Berater so nicht realisiert worden wären:

Projektleiter eGovernment einer Bundesbehörde:

„Ganz stark haben die [Berater; d.Verf.] beigetragen, aus den geschilderten Gründen. Also allein die Ressourcenproblematik, dass eben die Analysen und Konzepte gar nicht geschrieben würden, wenn sie nicht vom Berater geschrieben würden. Dann natürlich auch das zitierte Wissen, dass natürlich die Qualität der Konzepte [...] auch ganz stark durch die Kenntnis und Erfahrung von Beratern geprägt ist."

Referatsleiter eGovernment in der Staatskanzlei eines Bundeslands:

„Ich bin überzeugt, dass es ohne die externe Beratung weder in der Kürze der Zeit noch in der Professionalität der Darstellung und letztlich auch in der Außenwirkung, also in der Vermarktung dargestellt worden wäre."

Landesleiter eGovernment im Innenministerium eines Bundeslands:

„Es wäre viel schwieriger gewesen, diese Dinge durchzusetzen ohne einen Berater. Es erleichtert bestimmte Dinge. Ich würde das auch wieder so machen."

Wie in Abschnitt 3.1. erörtert, hat der Einsatz von Beratern also nach Meinung der Führungskräfte der Verwaltung einen spürbaren Effekt. Genannt wird die Lösung der Ressourcenproblematik, also dass ohne Berater die Kapazitäten für eGovernment-Projekte nicht da seien, aber auch die Qualität der Konzepte, die ohne Berater und deren Erfahrungen mit eBusiness der Privatwirtschaft nicht so hoch sei. So begründen sowohl Unternehmensberater als auch Verwaltungsmitarbeiter das Aufkommen von eGovernment durch Kompetenzen der Berater im Bereich eBusiness.

Seniorberater einer internationalen Beratung mit Fokus auf Prozessoptimierung:

„Dann ist es natürlich auch für Beratung, für unsere Branche, ein gefundenes Fressen gewesen, weil man da auch gesehen hat, sein Geschäft, was man auch im eBusiness angefangen hat, dann auch in die öffentlichen Bereiche rein zu tragen. Ich kann jetzt gerade für unsere Firma sagen, dass man da die Strategien, die anfänglich für eBusiness entwickelt worden sind, abgewandelt übertragen hat auf die öffentliche Verwaltung, das was vor allem die Richtung bei Strategieentwicklung anbetrifft."

Referatsleiter Medien und Multimedia in der Staatskanzlei eines Bundeslands:

„Als die eBusiness-Welle abflachte, haben die [Berater, d.Verf.] sich sehr stark mit eGovernment beschäftigt, um die Verwaltung als neuen Markt für bestehende Kompetenzen zu nutzen."

Auch die Kürze der Zeit, in der Projekte durch Beraterhilfe abgeschlossen werden können, sowie die Durchsetzungsfunktion von Konzepten in der Verwaltung und die Darstellung nach außen spielten eine Rolle. Durch die Außenperspektive auf die Verwaltung und da die Berater weder an interne Politik noch an starre Hierarchien gebunden sind, ergibt sich eine bessere Steuerung von Projekten über Abteilungsgrenzen hinweg (siehe Kapitel 3). Berater bringen demnach Professionalität in die eGovernment-Projektarbeit.

Bei diesen Bewertungen ist zu bedenken, dass sie von Führungskräften der Verwaltung stammen, die für eGovernment-Projekte zuständig sind. Wie in Abschnitt 5.3. erläutert, verläuft die Konfliktlinie nicht zwischen Beratern und öffentlichem Dienst, sondern innerhalb des öffentlichen Diensts zwischen jenen, die für NPM zuständig sind, und anderen, deren Bereich verändert wird. Erstere haben ein Interesse daran, dass der Einsatz von Beratern als gelungen gilt. Bei der näheren Frage nach der Messbarkeit und Messung des Beraternutzens wird das Bild dementsprechend ein wenig getrübt.

Referatsleiter Medien und Multimedia in der Staatskanzlei eines Bundeslands:

„Die Evaluation von Beratern und deren Leistung ist schwer realisierbar, zeitintensiv und methodisch komplex. Das wird meines Wissens nach auch nirgends durchgeführt."

Projektleiter eGovernment in einem Bundesministerium:

„Hier ist das, was Berater so tun, einfach zu unspezifisch. Die arbeiten in einem Geflecht von internen Mitarbeitern und Beratern, erbringen da irgendwelche Teilleistungen und irgendwann am Ende kommt irgendein Produkt raus, hoffentlich eine eGovernment-Dienstleistung. […] Die Berater arbeiten häufig auch an mehreren Projekten mit. Das ist zu diffus. […] Das ist einfach [so], wir können nicht jedem Berater hinterherlaufen und da versuchen, da zu messen."

Das fehlende Interesse an einer näheren Beurteilung von Projekterfolgen und Beraterbeiträgen dürfte nicht zuletzt in deren politischer Dimension begründet liegen, wie Berater selbst konstatieren:

Seniorberater einer internationalen Beratung mit Fokus auf Prozessoptimierung:

„Natürlich ist das immer so, wenn es politische Programme gibt, das wird nach außen immer als großer Erfolg dargestellt."

Berater einer mittelständischen Beratung mit Fokus auf den öffentlichen Bereich:

„Qualitativ messen ist mit Sicherheit schwierig, weil die Kommunen auch nie Fehler zugeben werden, auch nicht den Fehler der Beratung, nur wenn es ganz extrem wird. Ansonsten sitzt man normalerweise im gleichen Boot."

Generell bestehen in der öffentlichen Verwaltung wenige Anreize, Fehlallokationen öffentlicher Mittel aufzudecken und damit dem Rechnungshof in die Hände zu spielen. Der Einsatz von Beratern ist seit der massenmedialen Kritik zu einem hochsensiblen Thema in den Verwaltungen geworden, dessen Hinterfragung tendenziell vermieden wird.

d.Verf.: „Aber eine Evaluation, eine konkrete Messung des Beitrags ist Ihnen nicht bekannt?"

Seniorberater einer internationalen Beratung mit Fokus auf Prozessoptimierung:

„Ne, man redet ja auch ungern darüber von Seiten der Behörde, über Berater. Aufgrund der schlechten Presse […] über den Einsatz von Beratern, nicht zuletzt bei der Bundesagentur für Arbeit und in anderen Zusammenhängen. Die Rolle oder die Bedeutung von Beratern hängt man nicht so groß aus dem Fenster."

Bei der Frage, inwiefern Berater zum normativen oder mimetischen Druck beitragen, eGovernment-Konzepte unabhängig von vorherigen Effizienzprüfungen einzuführen, wurde deutlich, dass die Anzahl der Akteure, die im Bereich eGovernment auf öffentlicher, kommerzieller und wissenschaftlicher Seite tätig sind, überschaubar ist. Viele der Gesprächspartner nahmen wiederholt auf die gleichen Projekte Bezug.

Geschäftsführer einer mittelständischen Beratung mit Fokus auf den öffentlichen Bereich:

„Ich glaube, jeder hat so dasselbe Telefonverzeichnis zum eGovernment mittlerweile in Deutschland. Das sind so immer dieselben zweihundert, würde ich mal sagen. Das gab es bisher noch in keinem anderen Bereich."

Die einzelnen Akteure wechseln dabei offenbar auch zwischen den Berufsfeldern. Insofern scheint es nicht weit hergeholt zu sein, von einer Art Arena des eGovernment zu sprechen. In solchen Arenen mit einer überschaubaren Anzahl von Akteuren wird der Nutzen eines Konzepts schnell zu einem unhinterfragten Mythos (Ernst und Kieser 2004). In Veranstaltungen zum Thema eGovernment kommen die Beteiligten zusammen und berichten von ihren Erfolgen. Ein Berater berichtet vom folgenden Beispiel.

Senior-Berater einer internationalen Beratung mit Fokus auf Prozessoptimierung:

„Da kommen dann die Mitarbeiter der öffentlichen Verwaltung hin, um sich Ideen abzuholen und neue Ansätze zu dem, was sie selber machen können. […] Da berichtet dann ein solcher Mitarbeiter der Verwaltung – natürlich normalerweise im Rahmen von Projekten, die [Name einer Beratungsgesellschaft als Auftragnehmer] da hatte […] – das wird ganz gut angenommen. (…)

Bei [Name einer Beratungsgesellschaft] gibt es auch so einen eGovernment-Wettbewerb. Den machen die zusammen mit [Name eines IT-Hardwareherstellers]. Die Schirmherrschaft liegt beim BMI [Bundesministerium des Innern; d.Verf.] und der Staatssekretär übergibt da auch die Preise. Der Gewinner wird dann eingeladen zu einer Reise in die USA, da kriegen die die tollen Sachen mit eGovernment in den USA mal vorgeführt und werden dann zu [Name des IT-Unternehmens] in Kalifornien und vielleicht auch noch zu [Name eines anderen IT-Unternehmens] eingeladen und kriegen dann auch noch ein paar eGovernment-Lösungen vorgeführt, die im Umfeld von [Namen der Beratungsgesellschaft und des IT-Unternehmens] zu finden sind. Da gibt es dann auch noch so eine eGovernment-Akademie, wo sich die früheren Preisträger einmal im Jahr treffen und da gibt es Vorträge zu Projekten, wie es weitergegangen ist. Da wird einfach auch Wissen und Ideen ausgetauscht und das ist auch wichtig. […] Das ist natürlich auch eine Chance für Beratungen und Anbieter, sich zu präsentieren."

Die Arena hat also ihre Foren, ist institutionalisiert in Branchen- und themenbezogenen Firmenveranstaltungen, und diese Institutionalisierung ist insofern weit fortgeschritten, als es Preise für erfolgreiche eGovernment-Einführungen und eine eGovernment-Akademie gibt. Für Mitglieder dieser Arena dürfte es schwierig sein, sich einer allgemein positiven Bewertung von eGovernment zu entziehen. In einer solch institutionalisierten Arena wird schnell schief angesehen, wer den Nutzen von eGovernment bezweifelt.

Berater wären schlechte Geschäftsleute, wenn sie diese Seminare und Kongresse nicht nutzen würden, um Kompetenzen und Referenzprojekte vorzustellen. Internationale Beratungsunternehmen verweisen häufig auf Referenzprojekte im Ausland, was nicht nur eGovernment-Projekterfahrung unterstreicht, sondern auch Internationalität und Nachholbedarf in Deutschland (sowie die Überprüfung der Referenz aufgrund von Sprachproblemen erschwert). Und Beratungen, die noch keine eGovernment-Projekte gemacht haben, verweisen beispielsweise auf eBusiness-Kompetenzen aus der Privatwirtschaft.

Die Führungskräfte der Verwaltung sehen Berater jedoch nicht als die treibende Kraft hinter dem Aufkommen von eGovernment. Vielmehr hätten Berater einen Markt entdeckt, der aus der Verwaltung und der Politik heraus entstand. Sie seien auf den eGovernment-Hype aufgesprungen, der primär durch die Politik und die Verwaltung selbst getrieben war.

Referatsleiter eGovernment in der Staatskanzlei eines Bundeslands:

„Die Konzepte werden vor allem durch die Verwaltung selbst und durch ein paar Verbände wie den BDI und die Politik propagiert."

Referatsleiter Medien und Multimedia in der Staatskanzlei eines Bundeslands:

„Und die Berater hatten auch noch Glück. So 1998 oder vielleicht eher 2000 sagte die Politik, wir müssen modern sein, wir müssen Portale entwickeln, wir müssen online präsent sein und das muss dann auch gut aussehen."

Auch können Politiker und Verwaltungsmitarbeiter durch Reformen öffentlichkeitswirksam ihre Reformbereitschaft darstellen. Mit der Gründung von eGovernment-Initiativen kann sich die Politik im Wettbewerb um Wählerstimmen als zukunftsorientiert und modern positionieren.

Projektleiter eGovernment eines Bundesministeriums:

„Propagiert wurden die Konzepte durch ganz unterschiedliche Gruppen. Einmal natürlich durch die Politik. Die Bundesregierung, jede Regierung, auch Landesregierungen wollen sich ja modern präsentieren. Modern und virtuell ist eben total eng assoziiert."

Projektleiter im öffentlichen Bereich einer internationalen Strategieberatung:

„Mit einer hübschen BundOnline-Initiative oder einer hübschen neuen Website der Regierung oder der Gemeinden können Sie natürlich auch bei dem einen oder anderen Wähler durchaus in Sachen Innovation punkten."

Der normative und mimetische Druck scheint also vor allem durch die Politik und innerhalb des öffentlichen Diensts selbst entstanden ist. Ein etwas anderes Bild ergibt sich jedoch, wenn man sich vor Augen hält, dass es zum Thema eGovernment viele Benchmarking-Studien gibt, die einzelne eGovernment-Konzepte auf nationaler oder internationaler Ebene vergleichen. Verfasst wurden sie von der EU und eben von Unternehmensberatungen. In der eGovernment-Arena erhöhen diese komparativen Studien den Druck auf die politische Ebene sowie die Leitungsebene der Verwaltung, ihre eGovernment-Initiativen zu verstärken, da sie das Interesse stimulieren, zu den modernen Verwaltungen oder sogar zu den eGovernment-Spitzenreitern gezählt zu werden.

Senior-Berater einer internationalen Beratung mit Fokus auf Prozessoptimierung:

„Benchmarking-Studien üben einfach nur Druck auf die Verwaltung aus. Das ist was eminent Politisches. Da wird verglichen – ich weiß das, weil ich hier auch den Bereich Internationales bearbeite – wenn die Benchmarking-Studie der EU kommt, dann möchte man auch nicht unter den Deppen sein, also im unteren Drittel. Benchmarking tangiert direkt das Politische und deshalb ist das wichtig, dass man da gut abschneidet."

Projektleiter eGovernment einer Bundesbehörde:

„Benchmarking-Studien haben eine große Wirkung, auch die von Beratungen [schmunzelt und tippt mit dem Finger auf eine Studie eines Beratungsunternehmens auf seinem Schreibtisch]. Die Zahlen werden dann immer wieder zitiert, Service Center nach [Names des Beratungsunternehmens] kann 25 % Kosten sparen oder so etwas. Das sind immer wieder Zahlen, die dann eben ins Spiel gebracht werden, die auch viel zitiert werden, das denke ich schon."

> Referatsleiter Medien und Multimedia in der Staatskanzlei eines Bundeslands:
>
> „Mit den ganzen Rankings haben die Berater dann noch stärker die Politik beeindruckt. Da sind die natürlich hellhörig geworden, als sogar baltische Staaten vor Deutschland auftauchten. Dass die [baltischen Staaten; d.Verf.] eigentlich keine ordentliche Verwaltung machen, interessiert niemanden. Durch solche Rankings wird der Druck verstärkt. Da wird dann schwarz auf weiß gezeigt, wie schlecht die öffentliche Verwaltung aufgestellt sei."

Wir fassen zusammen: Der Beitrag von Beratern zu eGovernment-Projekten wird von Führungskräften der Verwaltung, die für diese Projekte zuständig sind, für gut und wichtig bezeichnet, wenngleich bei näherer Nachfrage klar wird, dass hier keine gesonderte Evaluation stattfindet. Das Problem bei eGovernment-Projekten ist nicht der Einsatz von Beratern oder deren Beitrag, sondern dass eGovernment insgesamt mit deutlich mehr Hoffnungen verbunden war, als erfüllt werden konnten. eGovernment-Projekte folgten einem institutionellen Druck, öffentlichen Verwaltungen Modernität im Service zu verschaffen. Berater haben beispielsweise durch Benchmarking-Studien zu diesem Druck beigetragen, da diese für Verwaltungen an vielen Stellen Nachholbedarf signalisiert haben. Dies ist jedoch kein unmoralisches Geschäftsgebaren, sondern eine legitime Möglichkeit, auf Handlungsmöglichkeiten aufmerksam zu machen.

7 Zusammenfassung und Schlussfolgerungen

„People are sometimes shocked by the degree of maladministration. But if one tries to go to their roots, one often learns that they are not simply the result of culpable negligence or lack of competence. They sometimes turn out to be the result of special political and institutional conditions or of an attempt to come to an arrangement with a problem for which a more satisfactory solution could not be found."

Ludwig von Mises, 1946

Diese Arbeit hatte sich zum Ziel gesetzt, anhand von theoretischen Überlegungen und Aussagen von Beratern und Führungskräften im öffentlichen Dienst einen Einblick in das schwierige Verhältnis von öffentlicher Verwaltung und Unternehmensberatung zu geben. Zunächst wurden die Argumentationsstränge von Bürokratiegegnern und -verteidigern dargestellt. Der harschen Kritik an Bürokratie und deren Dysfunktionen, vor allem an deren mangelnder Effizienz, aber auch an Intransparenz und mangelnder Bürgerorientierung, steht eine Verteidigung von Bürokratie als Träger eines Ethos von Verfahrensmäßigkeit, Gleichbehandlung von Bürgern, Aktenmäßigkeit und Berechenbarkeit entgegen, die in einem Rechtsstaat weder abgeschafft noch vor dem Hintergrund von Effizienzüberlegungen verdünnt werden dürfen. Getrieben von technischem Wandel sowie Druck aus Politik und Öffentlichkeit sieht sich die öffentliche Verwaltung seit den 1990er Jahren einem Veränderungsdruck ausgesetzt, in dessen Rahmen Unternehmensberater als „Change Agents" vielfach eingesetzt wurden.

Das Wachstum von Unternehmensberatung im öffentlichen Sektor lässt sich über mindestens zwei Argumente begründen. Ökonomisch betrachtet stellt die Einschaltung von Unternehmensberatern für bestimmte Problemstellungen eine kostengünstigere Alternative zur internen Problemlösung dar. Kurzfristiger Kapazitätsbedarf in Reformprojekten – denn auch hoher politischer Reformwille zwingt den Beamtenapparat nicht zu Überstunden – sowie die spezifischen Anforderungen komplexer und singulärer Projektaufgaben machen den Einsatz externer Experten ökonomisch sinnvoll. Soziologisch betrachtet fördern die Reformbestrebungen und der damit einhergehende Einsatz von Beratern im öffentlichen Sektor dessen Glaubwürdigkeit und Anerkennung in der Öffentlichkeit und tragen somit zur Legitimation der viel gescholtenen Beamten bei. Neben diesem normativen Prozess des Beratereinsatzes war darüber hinaus ein mimetischer Prozess feststellbar, im Sinne von unhinterfragten Konzeptimitationen aus der Privatwirtschaft. Alle drei Mechanismen wurden in den von uns geführten Gesprächen von den Führungskräften genannt. Bei den meisten Gesprächspartnern stand das ökonomische Argument, dass man mit Beratern schneller und besser die Ziele von Verwaltungsreformen erreichen könne, im Vordergrund. Die eher kritischen Argumente in Sachen Steigerung von Anerkennung und Imitation von Konzepten wurden von den Führungskräften weniger deutlich, jedoch erkennbar formuliert.

Bezüglich der Marktmechanismen wurde festgestellt, dass bei der Vergabe öffentlicher Aufträge die Reputation einer Beratung eine große Rolle spielt. In Anbetracht der Eigenschaften von Beratungsprojekten als Erfahrungs- bzw. Vertrauensgut dient er als Ersatzkriterium für die von der VOF geforderte Fachkunde, Leistungsfähigkeit, Erfahrung und Zuverlässigkeit. Formelle Referenzen von Unternehmensberatungen spielen im öffentlichen Dienst eine größere Rolle als in der Privatwirtschaft. Der Markt ist anonymer und die Beziehungen zwischen Marktteilnehmern sind distanzierter. Informelle Weiterempfehlungen innerhalb der Verwaltung, aber auch negative Mund-zu-Mund-Propaganda, werden neben formellen Referenzen in ein Gesamtbild eingefügt oder führen gar dazu, dass ausgewählte Beratungsunternehmen zur Abgabe eines Angebots angehalten werden. Im Vergleich zur Privatwirtschaft gibt es im öffentlichen Dienst jedoch die Verpflichtung zur Ausschreibung ab einer Auftragshöhe von € 206.000, der Markt für Beratung im öffentlichen Sektor ist damit weniger durch bestehende Vertrauensbeziehungen gekennzeichnet als der Beratungsmarkt in der Privatwirtschaft. Das Ethos der Verfahrensmäßigkeit sorgt dafür, dass Mund-zu-Mund-Propaganda einen schwächeren Einfluss ausübt als in der Privatwirtschaft, jedoch immer noch einen wirksamen Marktmechanismus darstellt. Selbst wenn die Auftraggeber sich möglicherweise nicht immer getreu den Buchstaben der VOF verhalten, so handeln sie im Sinne der VOF, wenn sie Beratungsaufträge an Firmen vergeben, von denen sie die bestmögliche Leistung aufgrund von vergangener Zusammenarbeit oder Kollegenempfehlung erwarten. Trotz des möglichen Vorwurfs der Bildung von Seilschaften, macht es vor dem Hintergrund der immateriellen und ex-ante schwer zu evaluierenden Beratungsleistung für den Verwaltungsapparat Sinn, auch subjektive Kriterien wie eigene und fremde Erfahrungswerte mit in den Auswahlprozess einzubeziehen.

Für Unternehmensberatungen ist das Beratungssegment öffentliche Verwaltung vor dem Hintergrund der oben beschriebenen Mechanismen durch hohe Markteintrittsbarrieren gekennzeichnet. Um diese zu überwinden, kann die Veröffentlichung von Artikeln in Fachzeitschriften eine gewisse Sichtbarkeit erzeugen und die Veranstaltung von Fachkonferenzen oder -seminaren erste Kontakte einbringen. In die Nähe eines Projektauftrags jedoch rückt dies eine Unternehmensberatung noch nicht. Es müssen darüber hinaus zusätzliche Maßnahmen ergriffen werden. Unsere Gespräche mit Führungskräften der Verwaltung lieferten Beispiele, wie Unternehmensberatungen sie von ihrer Dienstleistungsqualität überzeugen: Die Integration von ehemaligen Führungskräften aus dem öffentlichen Dienst in das Beratungsunternehmen, Veranstaltung von Fachvorträgen bei der Behörde vor Ort sowie kostenlose Vorprojekte stellen Möglichkeiten dar, Kompetenz zu signalisieren und damit einem Projektauftrag deutlich näher zu rücken. Dennoch bleibt auch hier: Schon für mittelgroße Aufträge muss eine Ausschreibung erfolgen und die Führungskräfte des öffentlichen Diensts fühlen sich der möglichst objektiven Prüfung von Alternativen stark verpflichtet.

Zur Funktion von Beratern wurde in den Gesprächen deutlich, dass ihr Einsatz sowohl klar artikulierten als auch nur hinter vorgehaltener Hand geäußerten Absichten folgt. Beide Funktionen sind mit der intendierten Objektivität und Neutralität von Beratern gegenüber Kundenorganisationen verknüpft. Die Auftragskonstellation und das Machtgefälle in Verwaltungen stellen für Berater immer wieder Herausforderungen an ihre Objektivität dar, jedoch können ein Abrücken vom Ethos der Objektivität und die Unterstützung einer empirisch nicht gestützten, aber mächtigen Meinung mittelfristig negative Konsequenzen für die Beratung haben. Für die Führungskräfte der Verwaltung hingegen gilt es, die Berater sowohl beim Erarbeiten einer unabhängigen Lösung als auch bei deren dienstwegungebundener Kommunikation zu unterstützen, da dies die Nachteile der starren bürokratischen Organisation temporär überwinden kann. Unternehmensberater können daher nach Aussagen der Mehrheit unserer Gesprächspartner als starke Beschleuniger auf den oft langen Pfaden des Amtswegs dienen und so Entscheidungen deutlich früher und mit besserer Informationsbasis herbeiführen.

Die Erkenntnisse über die Marktmechanismen und die Funktionen von Beratern basieren darauf, dass wir nicht nur ökonomische, sondern auch soziologische Überlegungen zur Grundlage der Gespräche mit Beratern und Führungskräften der Verwaltung gemacht haben. Das Verständnis von Unternehmensberatung allgemein und im öffentlichen Sektor im Besonderen würde mit rein ökonomischen Überlegungen schnell an Grenzen stoßen. Die hier hinzugezogene Theorie des soziologischen Neoinstutionalismus macht auf Mechanismen aufmerksam, die einer rein ökonomischen Betrachtung verschlossen blieben. Auch die Berater und Führungskräfte der Verwaltung, so stellte sich für uns überraschend heraus, sind sich der Mechanismen wie der Legitimation der Verwaltung in der Öffentlichkeit und der Nachahmungseffekte von anderen Institutionen durchaus bewusst, auch wenn sie sich mit den erwähnten Theorien sicherlich nie befasst haben.

Zum Einsatz neuer Steuerungsinstrumente hat sich herausgestellt, dass verschiedene Bereiche der öffentlichen Verwaltung Managementkonzepten aus der Privatwirtschaft grundsätzlich verschlossen bleiben, weil – um ein Extrembeispiel zu nennen – Strafverfolgung weder privatisiert noch dessen Nutzen monetär bewertet werden kann. Mithilfe einer der Privatwirtschaft entlehnten Kostenrechnung ließen sich zwar die Kosten einer Leistung (etwa einer nächtlichen Polizeistreife oder einer staatsanwaltlichen Untersuchung) recht genau kalkulieren, der Nutzen in Form von Sicherheit oder Rechtsdurchsetzung entzieht sich jedoch einer seriösen Wirtschaftlichkeitsmessung. Der politischen Entscheidung über bestimmte staatliche Leistungen liegen höhere gesellschaftliche Werte und Interessen zu Grunde und sie kann in einer Demokratie der Legislative nicht abgenommen werden, auch nicht auf Basis sophistizierter Beratungsanalysen.

Was den Projekterfolg betrifft, ist die Wirkung von NPM zunächst durch rechtlich-strukturelle Rahmenbedingungen begrenzt. Darüber hinaus bestehen auch verhaltensbedingte und kommunikationsbezogene Herausforderungen. Unsere Gesprächspartner aus der Verwaltung monierten übereinstimmend das oftmals mangelnde Fachwissen von Beratern sowie deren fehlende Sozialisierung im Verwaltungsumfeld. Letzterer Umstand wird häufig durch die inkompatiblen Sprachsysteme von privatwirtschaftlich geprägter Beratung und öffentlicher Verwaltung offensichtlich. Daraus ergibt sich die Aufforderung, die Mitarbeiter der öffentlichen Verwaltung von Anfang an intensiv in den Projektverlauf mit einzubeziehen und sich deren Wissen um Regelwerk und Kultur des jeweiligen Apparats im Projekt zunutze zu machen. Gleichzeitig sollten sich Verwaltungsmitarbeiter vor Augen führen, dass die wirtschaftliche Gestaltung von Verwaltungsabläufen nicht per se eine umfassende Kenntnis des öffentlichen Diensts erfordert. Die Perspektive des Außenstehenden sowie eine pragmatische „can-do"-Einstellung des Beraters können helfen, Abläufe neu zu denken, organisationale Widerstände aufzubrechen und letztlich Innovationen zu schaffen. Daher gilt es, Projektteams mit Beratern und Mitarbeitern der Verwaltung gemischt so zu besetzen, dass sie bereits in der unmittelbaren Projektarbeit als gegenseitige Korrektive wirken und Synergien aus Fach- und Methodenkompetenz entstehen können. Sicherlich ist eine substanzielle Vorerfahrung mit dem öffentlichen Dienst auf Seiten des Beraters von Vorteil für die rasche Integration in das Umfeld der Verwaltung. Umgekehrt sollten auch Verwaltungsmitarbeiter Berater nicht vorschnell als unqualifiziert abstempeln.

eGovernment-Projekte stellen durch ihre oftmals technische Natur eine Art Mikrokosmos von Beratung im öffentlichen Dienst dar, und unsere allgemeinen Beobachtungen zur Beratung im öffentlichen Bereich wurden weitgehend bestätigt. Der Beitrag von Beratern wird von Führungskräften der Verwaltung, die für diese Projekte zuständig sind, als gut und wichtig bezeichnet. Die hohen Erwartungen an eGovernment als Reformansatz – Kostensenkungen, ein verbesserter Service für Bürger und Unternehmen sowie eine interne Vereinfachung von Verfahren, also Bürokratieabbau – konnten aus unterschiedlichen Gründen nicht erfüllt werden. Dass es zu Kostensenkungen gekommen sei, wurde von unseren Gesprächspartnern nicht bestätigt. Im Gegenteil, die Einführung von eGovernment hat offenbar in vielen Fällen zu kostspieligen Parallelprozessen geführt. Damit wurde auch das Ziel der internen Verfahrensvereinfachungen vielfach nicht erreicht. Und die Hoffnung, durch den verstärkten Einsatz von Informationstechnologie gar eine Art antibürokratisches Umdenken in der öffentlichen Verwaltung zu erzeugen, war wohl von vornherein eine populistische Illusion von Bürokratiegegnern, die das grundlegende Ethos der Bürokratie nicht verstanden hatten.

Bezüglich einer stärkeren Bürgernähe sind durch eGovernment insofern Ziele erreicht worden, als vor allem Informationen und Antragsformulare im Internet zur Verfügung gestellt werden. Jedoch beziehen sich diese Aspekte der gewonnenen Bürgerfreundlichkeit häufig auf eher triviale Vorgänge. eGovernment-Großprojekte folgten somit ebenfalls einem institutionellen Druck, öffentlichen Verwaltungen den Anschein von Modernität in Außenauftritt und Service zu verschaffen. Berater waren schnell und bereitwillig mit hilfreichem Wissen aus der Welt des eBusiness zur Stelle. Sie haben zudem, und aus kommerzieller Sicht nachvollziehbar, durch Veröffentlichungen wie etwa Benchmarking-Studien zu diesem institutionellen Druck beigetragen und damit der öffentlichen Verwaltung Nachholbedarf an IT-Einsatz signalisiert. Zusammenfassend kann man sagen, dass nach der grundsätzlichen Entscheidung der Verwaltung für einen verstärkten Einsatz von Informationstechnologien unter dem Label eGovernment der Einsatz von Beratern mit deren Kompetenzvorsprung auf diesem Feld aus den genannten Gründen sinnvoll erscheint. Es ist eher die oftmals vorschnelle und unkritische Entscheidung des Verwaltungsapparats für einzelne eGovernment-Projekte, die es zu hinterfragen gilt. Dass externe Dienstleister Chancen nutzen und verstärkt ihre Leistungen anbieten, ist legitim.

Bei aller Kritik an Unternehmensberatungen, die von den Befragten geäußert wurde, überwiegt insgesamt eine positive Einschätzung des Beitrags, den Berater leisten können – wenn bestimmte Spielregeln eingehalten werden und man die richtigen Berater auswählt. Dieses Ergebnis gilt auch bei den Befragten, die generell dem Wert von Beratungsleistungen kritisch gegenüberstehen, aber zumeist doch einzelne Felder identifizieren können, in denen der Einsatz von Beratern sinnvoll ist. Die beraterfeindliche Meinung in weiten Kreisen des öffentlichen Diensts tut dem keinen Abbruch.

NPM hat in Deutschland in seiner angelsächsischen Variante, in der ganze Ministerien einer privatwirtschaftlichen Struktur unterzogen wurden (in den USA z. B. das Department of Homeland Security), auch unter Zuhilfenahme von Beratern, bisher nicht Fuß gefasst. Stattdessen fokussieren sich die Reformbemühungen hierzulande zu einem guten Teil auf technische Fragen des Haushaltsrechts (Kameralistik vs. Doppik) und einer genaueren Kosten- und Leistungserfassung. Eine „Revolution" wie von Osborne & Gaebler (1993) in den USA vorgeschlagen, ist in Deutschland nicht zu erwarten. Vielmehr wird sich auch die Verwaltung wie seit Jahrzehnten in kleinen Schritten auf einem Pfad der kontinuierlichen Verbesserung voranarbeiten. Die Befürchtung, NPM sei auf dem besten Wege, den demokratischen Staat zu unterhöhlen (Suleiman 2003), erscheint nicht nur verfrüht, sondern unzutreffend – zumindest in Bezug auf die Bundesrepublik. Die bürokratischen Strukturelemente und deren Funktionen werden in Deutschland weiterhin für notwendig gehalten und durch eine unabhängige Judikative geschützt.

Von allen Beteiligten wurden im Reformprozess Fehler gemacht: von Politikern, die durch Übereifer und populistische Versprechungen überzogene Erwartungen der Öffentlichkeit gegenüber den Verwaltungen geweckt haben, von der Verwaltung, die die Vorteile des Einsatzes neuer Steuerungsinstrumente sowie einen effektiven Umgang mit Beratern erst lernen musste, sowie auch von Beratern, die ihre eigene Leistungsfähigkeit zu positiv dargestellt haben, um sich geschäftliche Vorteile zu sichern. Solche Reibungsverluste können jedoch niemanden überraschen, wenn man sich die kurze Geschichte der Zusammenarbeit und das Viereck von Politik, Bürgern, Verwaltung und Beratungen vor Augen führt. Viele Management-Instrumente erscheinen als sehr wohl geeignet, gewisse Verwaltungsabläufe zu verbessern, ohne dass hierdurch das Vertrauen in die Bürokratie oder deren Unparteilichkeit leiden würde. Die oftmals mangelnde verwaltungsspezifische Qualifikation der in der Verwaltung eingesetzten Berater ist kritisch zu bewerten, auch wenn dieses Problem durch eine konstruktive Zusammenarbeit mit dem Kunden Verwaltung nicht unlösbar erscheint. Nichtsdestotrotz lassen die Einschätzungen der Befragten insgesamt auf einen großen Beitrag der Berater im Umfeld der öffentlichen Reformbemühungen schließen. Viele sinnvolle Initiativen und Projekte hätten sich ohne Berater nicht umsetzen lassen. Der Einsatz von Beratern kann einer politisch gewollten Initiative zwar den Anschein von Rationalität verleihen, grundsätzliche Konstruktionsfehler in Gesetzen oder der föderalen Struktur kann er jedoch nicht beheben. Die hoheitliche Aufgabe der Ordnungsmacht sowie die systemspezifischen Besonderheiten im öffentlichen Dienst werden die Aufhebung der unübersehbaren Mängel und Ineffizienzen der bürokratischen Organisation in vielen Fällen verhindern. Sie bleiben der Preis, den unsere Gesellschaft für demokratische Freiheit und Stabilität entrichtet.

Literaturverzeichnis

AL-KIBSI, G., BOER, K. DE, MOURSHED, M. & REA, N.P. (2001): Putting Citizens On-Line, Not In-Line; in: The McKinsey Quarterly; Nr.2; S.65-73.

APELT, K. (2005): Under Construction; in: McK-Wissen; Vol.4; Nr.13; S.104-109.

ARMBRÜSTER, T. (2006): The Economics and Sociology of Management Consulting. Cambridge: Cambride University Press.

ARMBRÜSTER, T. / GLÜCKLER, J. (2007): Organizational Change and the Economics of Management Consulting: A Response to Sorge and van Witteloostuijn. In: Organization Studies, 28/12: 1873-1885.

BDU (2009): Internetseite des BDU: http://www.bdu.de; abgerufen am 13.10.09.

BDU (2008): Facts and Figures zum Beratermarkt 2007/2008; Bonn.

BDU (2007): Facts and Figures zum Beratermarkt 2006/2007; Bonn.

BDU (2005): Facts and Figures zum Beratermarkt 2004/2005; Bonn.

BAUER, M. (2002): Korruptionsbekämpfung durch Rechtsetzung; Juristische Reihe Tenea; Berlin.

BERGER (2005): Kommunale Gestaltungsfähigkeit nachhaltig sichern; Roland Berger Strategy Consultants.

BERTELSMANN STIFTUNG (2009): Internetseite des Projekts „Balanced E-Government" der Bertelsmann Stiftung: http://www.begix.de; abgerufen am 13.10.09

BMI (2004a): Modernisierung der Bundesverwaltung – Strategie für die Zweite Phase des Bundesprogramms „Moderner Staat Moderne Verwaltung".

BMI (2004b): Deutschland Online – Die Gemeinsame eGovernment Strategie von Kommunen, Bund und Ländern.

BOOZ ALLEN HAMILTON (2002): E-Government und der Moderne Staat – Einstieg, Strategie und Umsetzung; F.A.Z. Institut; Frankfurt a. M.

BORINS, S. & GRÜNING, G. (1998): New Public Management – Theoretische Grundlagen und Problematische Aspekte der Kritik; in: Budäus, D., Conrad, P. & Schreyögg, G. (Hrsg.); Managementforschung 8 – New Public Management; de Gruyter; Berlin.

BUDÄUS, D. & GRÜNING, G. (1998): New Public Management – Entwicklung und Grundlagen Einer Revolution des Öffentlichen Sektors; in: Zeitschrift für Führung und Organisation; Vol. 67; Nr.1; S.4-9.

CAIDEN, G.E. (1991): What Really is Public Maladministration?; in: Public Administration Review; Vol.51; Nr.6; S.486-493.

CANBACK, S. (1999): The Logic of Management Consulting (Part II); in: Journal of Management Consulting; Vol.10; Nr.3; S.3-12.

CANBACK, S. (1998): The Logic of Management Consulting (Part I); in: Journal of Management Consulting; Vol.10; Nr.2; S.3-11.

CAP GEMINI (2004): Webbasierte Untersuchung des elektronischen Serviceangebots der öffentlichen Hand – Ergebnisse der vierten Erhebung Oktober 2003.

CHADWICK, A. & MAY, C. (2003): Interaction between States and Citizens in the Age of the
    Internet – „e-Government" in the United States, Britain and the European Union; in:
    Governance – An International Journal of Policy and Administration; Vol.16; Nr.2;
    S.271-300.

COASE, R.H. (1937): The Nature of the Firm; in: Economica; Vol.4; Nr.16; S.386-405.

DIMAGGIO, P.J. & POWELL, W.W. (1983): The Iron Cage Revisited – Institutional Isomor-
    phism and Collective Rationality in Organizational Fields; in: American Sociological
    Review; Vol.48; Nr.2; S.147-160.

DOWNS, A. (1966): Inside Bureaucracy; Little Brown & Comp.; Boston.

DU GAY, P. (2000): In Praise of Bureaucracy: Weber, Organization, Ethics; Sage; London.

DUTTON, W.H. (1999): Society On the Line – Information Politics in the Digital Age; Oxford
    University Press; Oxford.

D21 (2009): Internetseite der Iniative D21: http://www.initiatived21.de; abgerufen am
    13.10.2009.

D21 (2000): Digitale Spaltung in Deutschland – Ausgangssituation, Internationaler Ver-
    gleich, Handlungsempfehlungen.

ERNST, B. (2002): Die Evaluation von Beratungsleistungen – Prozesse der Wahrnehmung
    und Bewertung; Gabler; Wiesbaden.

ERNST, B. & KIESER, A. (2004): Wissen Manager, was Beratung ihnen bringt?; in: Nippa, M.
    & Schneiderbauer, D. (Hrsg.); Erfolgsmechanismen der Top-Management Beratung;
    Physica; Heidelberg.

ERNST, B. & KIESER, A. (2002): Versuch, das unglaubliche Wachstum des Beratungsmarktes
    zu erklären; in: Schmidt, R., Gergs, H.J. & Pohlmann, M. (Hrsg.); Managementsoziolo-
    gie – Themen, Desiderate, Perspektiven; Rainer Hampp; München und Mering.

FAZ (2004): Pilotdiskurs, Grobkonzept, Feinschliff; Frankfurter Allgemeine Zeitung; 2.
    Februar 2004: S.3.

FEACO (2007): Survey of the European Management Consultancy Market 2006/2007;
    European Federation of Management Consultancies Associations; Brussels.

FEACO (2006): Survey of the European Management Consultancy Market 2005/2006;
    European Federation of Management Consultancies Associations; Brüssel.

FOUNTAIN, J. (2002): Toward a Theory of Federal Bureaucracy for the Twenty-First Century;
    in: Kamarck, E.C. & Nye, J.S. (Hrsg.); Governance.com – Democracy in the Information
    Age; Brookings; Washington D.C.

FRAUNHOFER GESELLSCHAFT (2009): Internetseite des Fraunhofer eGovernment Zentrums:
    http://www.egov-zentrum.fraunhofer.de; abgerufen am 13.10.09.

GISLER, M. (2001): Einführung in die Begriffswelt des eGovernment, in: Gisler, M. &
    Spahni, D. (Hrsg.); eGovernment – Eine Standortbestimmung; Paul Haupt; Bern.

GLÜCKLER, J. & ARMBRÜSTER, T. (2003): Bridging Uncertainty in Management Consulting –
    The Mechanisms of Trust and Networked Reputation; in: Organization Studies; Vol.24;
    Nr.2; S.269-297.

GORE, A. (1994): The New Job of the Federal Executive; in: Public Administration Review;
    Vol.54; Nr.4; S.317-321.

HAMMER, M. (1990): Reengineering Work – Don't Automate, Obliterate; in: Harvard Busi-
    ness Review; Vol.68; Nr.4; S.104-112.

HAMMER, M. & CHAMPY, J. (1993): Reengineering the Corporation – A Manifesto for Business Revolution; Harper Collins; New York.

HANDELSBLATT (2004): Ein Opfer seines Ruhms; Handelsblatt; 11. Februar 2004: S. 8.

HOMBURG, V. (2004): E-Government and NPM – A Perfect Marriage?; Paper to the Sixth International Conference on Electronic Commerce 2004 (ICEC'04).

HOOD, C. (1991): A Public Management For All Seasons?; in: Public Administration; Vol.69; Nr.1; S.3-19.

JAMES, G. (2000): Empowering Bureaucrats; in: MC – Technology Marketing Intelligence; Vol.20; Nr.12; S.62-67.

JANN, W. (1998): Lernen vom Privaten Sektor – Bedrohung oder Chance?; in: Edeling, T., Jann, W. & Wagner, D. (Hrsg.); Öffentliches und Privates Management – Fundamentally Alike in All Unimportant Respects?; Leske und Budrich; Opladen.

KAUFMAN, H. (1981): Fear of Bureaucracy: A Raging Pandemic, in: Public Administration Review; Vol.41; Nr.1; S.1-9.

KEHRER, R. & SCHADE, C. (1995): Interne Problemlösung oder Konsultation von Unternehmensberatern? Ein Rahmenkonzept zur sukzessiven Entscheidungsfindung auf Transaktionskosten- und organisationstheoretischer Basis; in: Die Betriebswirtschaft; Vol.55; Nr.4; S.464-479.

KENNEDY INFORMATION RESEARCH GROUP (2002): The Global Consulting Marketplace – Key Data, Forecasts & Trends; Fitzwilliam.

KGST. (2009): Internetseiten der Kommunalen Gemeinschaftsstelle für Verwaltungsvereinfachung: www.kgst.de; abgerufen am 13.10.2009

KIESER, A. (1998): Unternehmensberater – Händler in Praktiken und Sinn; in: Glaser, H., Schröder, E.F. & Werder, A. (Hrsg.); Organisation im Wandel der Märkte; S. 191-225; Gabler; Wiesbaden.

KIESER, A. (2001): Max Webers Analyse der Bürokratie; in: Kieser, A. (Hrsg.), Organisationstheorien; Kohlhammer; Stuttgart.

KIESER, A. (2003): Managers as Marionettes? Using Fashion Theories to Explain the success of Consultancies; in: Kipping, M. & Engwall, L. (Hrsg.); Management Consulting – Emergence and Dynamics of a Knowledge Industry; S. 167-183; Oxford University Press (Paperback); Oxford.

KLINE; E.H. & BUNTZ, C.G. (1979): On the Effective Use of Public Sector Expertise: Or Why the Use of Outside Consultants Often Leads to the Waste of In-House Skills; in: Public Administration Review; Vol.39; Nr.3; S.226-229.

KUBR, M. (1996): Management Consulting – A Guide to the Profession; International Labour Office; Genf.

LEGGE, K. (2002): On Knowledge, Business Consultants and the Selling of Total Quality Management; in Clark, T. & Fincham, R. (Hrsg.), Critical Consulting: New Perspectives on the Management Advice Industry; S. 74-90; Blackwell; Oxford.

LIPSET, S.M. (1959): Agrarian socialism: The cooperative commonwealth federation in Saskatchewan; University of California Press; Berkeley.

MARAVIC, P.V. & REICHARD, C. (2003): New Public Management and Corruption: IPMN Dialogue and Analysis, in International Public Management Review; Vol.4; Nr.1; S.84-130.

MARCH, J.G. & OLSEN, J.P. (1995): Democratic Governance; Free Press; New York.

MAYNTZ, R. (1997): Soziologie der öffentlichen Verwaltung; Mueller; Heidelberg.

MCI (2001): Strategy Consulting for the Public Sector – A Growth Market; in: Management Consultant International; Juli 2001; S.5.

MEYER, J.W. & ROWAN, B. (1977): Institutionalized Organizations – Formal Structure as Myth and Ceremony; in: The American Journal of Sociology; Vol.83; Nr.2; S.340-363.

MISES, L. V. (1946): Bureaucracy; Yale University Press; Yale.

NISKANEN, W. A. (1974): Bureaucracy and Representative Government; Aldine; Chicago.

OSBORNE, D. & GAEBLER, T. (1993): Reinventing Government – How the Entrepreneurial Spirit is Transforming the Public Sector; Penguin; Reading.

OSBORNE, D. & PLASTRIK, P. (1997): Banishing Bureaucracy – The Five Strategies for Reinventing Government; Addison-Wesley; Reading.

O.V. (2001): Strategy consulting for the public sector – a growth market; in: Management Consultant International; Juli 2001; S.5.

PARKINSON, C.N. (1962): Parkinsons Gesetz und andere Untersuchungen über die Verwaltung; Econ-Verlag; Düsseldorf.

PETERS, T. (1988): Kreatives Chaos: Die neue Management-Praxis; Hoffmann u. Campe; Hamburg.

PETERS, T. & WATERMAN, R.H. (1991): Auf der Suche nach Spitzenleistungen: Was man von den bestgeführten US-Unternehmen lernen kann; Verlag Moderne Industrie; Landsberg/Lech.

POLLITT, C.P. (1995): Management Techniques for the Public Sector – Pulpit and Practice; in: Peters, B.G. & Savoie, D.J. (Hrsg.); Governance in a Changing Environment; McGill-Queen's University Press; Montreal.

POLLITT, C.P. & BOUCKAERT, G. (2000): Public Management Reform – A Comparative Analysis; Oxford University Press; Oxford.

POLLITT, C.P. & BOUCKAERT, G. (1995): Defining Quality; in: Pollitt, C.P. & Bouckaert, G. (Hrsg.); Quality Improvement in European Public Services – Concepts, Cases and Commentary; Sage; London.

PwC (2002): Kommunalstudie 2002 – Deutschlands Städte auf dem Weg zum modernen Dienstleiste; PwC Deutsche Revision AG (Hrsg.); Frankfurt a.M.

REICHARD, C. (1998): Zur Naivität aktueller Konzepttransfers im deutschen Public Management; in: Edeling, T., Jann, W. & Wagner, D. (Hrsg.); Öffentliches und Privates Management – Fundamentally Alike in All Unimportant Respects?; Leske und Budrich; Opladen.

ROSENBLUM, R. & McGILLIS, D. (1979): Observations on the Role of Consultants in the Public Sector; in: Public Administration Review; Vol.39; Nr.3; S.219-226.

SAINT-MARTIN, D. (2000): Building the New Managerialist State. Consultants and the Politics of Public Sector Reform in Comparative Perspective; Oxford University Press; Oxford.

SCHADE, C. (1996): Marketing für Unternehmensberatung: Ein institutionenökonomischer Ansatz; Wiesbaden.

SCHEER, A.W., KRUPPKE, H. & HEIB, R. (2003): E-Government – Prozessoptimierung in der Öffentlichen Verwaltung; Springer; Berlin.

SCHUPPAN, T. & REICHARD, C. (2004): E-Government – Neugestaltung öffentlicher Leistungserbringung; in: Reichard, C., Scheske, M. & Schuppan, T. (Hrsg.); Das Reformkonzept E-Government – Potenziale, Ansätze, Erfahrungen; Lit; Münster.

SCHWEIZER, L. & BORNHAUSER, U. (2005): E-Government; in: Die Betriebswirtschaft; Vol.65; Nr.3; S.319-322.

SCOTT, W.R. & MEYER, J.W. (1991): The Organization of Societal Actors – Propositions and Early Evidence; in: Powell, W.W. & DiMaggio, P.J. (Hrsg.); The New Institutionalism in Organizational Analysis; University of Chicago Press; Chicago.

SPIEGEL, DER (2004): Im Reich der Träume; Nr.6; S.60-65.

STEGEMEYER, W. (2002): Der Vergleich von Abschlussprüfung und Unternehmensberatung aus der Perspektive der Agency- und der Signalling-Theorie; Tectum; Marburg.

STOKES, J. & CLEGG, S. (2002): Once upon a Time in the Bureaucracy: Power and Public Sector Management, in: Organization; Vol. 9; Nr. 2; S. 225-247; Sage; London.

SULEIMAN, E. N. (2003): Dismantling Democratic States; Princeton University Press; Princeton.

TAPSCOTT, D. (1995): The Digital Economy – Promise and Peril in the Age of Networked Intelligence; McGraw-Hill; New York.

TI (2009): Internetseite Transparency International Deutschland e.V.: http://www.transparency.de; abgerufen am 13.10.09.

VAHLENKAMP, W. & KNAUß, I. (1995): Korruption – ein unscharfes Phänomen als Gegenstand zielgerichteter Prävention: Ergebnisse eines Forschungsprojektes. BKA-Forschungsreihe Bd. 33; Wiesbaden.

VOCINO, T., PERNACCIARO, S. J. & BLANCHARD, P. D. (1979): An Evaluation of Private and University Consultants by State and Local Officials; in: Public Administration Review; Vol.39; Nr.3; S.205-210.

VOF (2006): Verdingungsordnung für freiberufliche Leistungen; Bundesministerium der Justiz; Berlin.

WALGENBACH, P. (2001): Institutionalistische Ansätze in der Organisationstheorie, in: Kieser, A. (Hrsg.); Organisationstheorien; Kohlhammer; Stuttgart.

WALGENBACH, P. (1999): Institutionalistische Ansätze in der Organisationstheorie; in: Kieser, A. (Hrsg.); Organisationstheorien; Kohlhammer; Stuttgart.

WEBER, M. (1992): Politik als Beruf; Mohr; Tübingen.

WEBER, M. (1956 [1920]): Wirtschaft und Gesellschaft; Mohr; Tübingen.

WERR, A., STJERNBERG, T. & DOCHERTY, P. (1997): The Functions of Methods of Change in Management Consulting; in: Journal of Organizational Change Management; Vol.10; Nr.4; S.208-337.

WEST, D.M. (2004): E-Government and the Transformation of Service Delivery and Citizen Attitudes; in: Public Administration Review; Vol.64; Nr.1; S.15-27.

WILLIAMSON, O.E. (1985): The Economic Institutions of Capitalism; Free Press; New York.

ZEIT, DIE (2004): Die Berater Republik; in: Die Zeit; 5. Februar 2004; S.9-12.

Die Autoren

Thomas Armbrüster ist Professor für BWL, insbesondere Strategie, Organisation und Personalmanagement, an der Quadriga Hochschule Berlin. Darüber hinaus ist er Partner beim Munich Executive Institute. Seine vorherigen Buchveröffentlichungen waren „Unternehmensberatung: Marktmechanismen, Marketing, Auftragsakquisition" (mit Christoph Barchewitz, Gabler 2004), „Management and Organization in Germany" (Ashgate, 2005) sowie „The Economics and Sociology of Management Consulting" (Cambridge University Press, 2006).

Johannes Banzhaf studierte Betriebswirtschaftslehre in Mannheim, Marburg, Pennsylvania und Paris und arbeitete vier Jahre als Berater bei einer internationalen Unternehmensberatung. Heute leitet er den Bereich Geschäftsentwicklung im Asien-Pazifik-Raum für einen internationalen Supply-Chain-Spezialisten und lebt in Australien.

Lars Dingemann studierte Betriebswirtschaftslehre in Mannheim und Wales. Als ERP-Stipendiat der Studienstiftung des deutschen Volkes erwarb er zudem den Master of Public Administration der Columbia University in New York. Er war mehrfach im Bereich der internationalen Organisationen tätig und arbeitet zurzeit bei einer internationalen Strategieberatung.